아름다운 미소를 만드는

치과의사

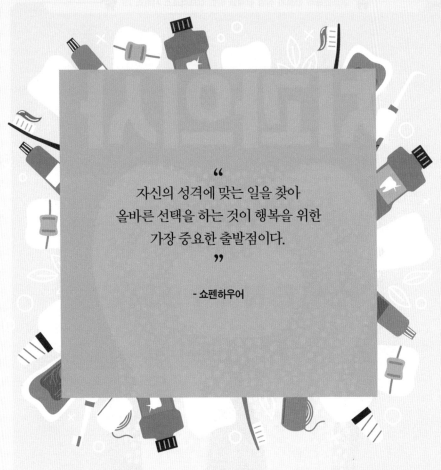

> **"**
> 자신의 성격에 맞는 일을 찾아
> 올바른 선택을 하는 것이 행복을 위한
> 가장 중요한 출발점이다.
> **"**

- 쇼펜하우어

모든 사람은 행복한 삶을 위해 과거부터 지금까지 큰 노력을 하고 있습니다. 진로를 고민하는 친구들이 "내가 30살, 40살, 50살이 되어도 이 일을 하면서 행복할 수 있을까?"라는 질문을 끊임없이 던지고, 그에 대한 진지한 고민 끝에 진정으로 자신에게 맞는 길을 선택했으면 좋겠습니다. 현재 성적이나 부모님의 기대에 맞춰 원하지 않는 길을 가고 있지는 않은지 다시 한번 생각해 보는 시간을 가졌으면 합니다. 행복은 자신의 개성과 소질을 살려 열정을 다할 때 얻을 수 있는 만족감입니다. 따라서 자신의 성격에 맞는 일을 찾아 올바른 선택을 하는 것이 행복한 삶을 위한 첫걸음입니다.

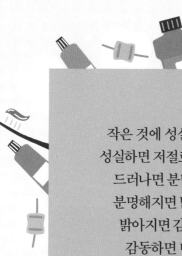

"
작은 것에 성실하라曲能有誠·곡능유성,
성실하면 저절로 드러나고誠則形·성즉형,
드러나면 분명해지고形則著·형즉저,
분명해지면 밝아지고著則明·저즉명,
밝아지면 감동하고明則動·명즉동,
감동하면 변하고動則變·동즉변,
변하면 얻을 것이니變則化·변즉화,
성실함이 세상을 변화시키는 힘이다誠能化·지성능화.
"

- 중용 23장

　　지도교수님께서는 장기간의 교정 치료 과정에서 매번 진료에 정성을 다하고 세심하게 치료하다 보면, 결국 환자의 미소가 아름답게 변화하고 이는 환자의 자신감을 높이는 원동력이 된다고 강조하셨습니다. 치과 치료가 구강에 국한된 작은 부분이지만, 건강한 치아는 정신 건강과 더불어 환자의 심리적 안정에도 큰 영향을 미친다고 생각합니다.

아름다운 미소를 만드는
치과의사

C·O·N·T·E·N·T·S

C·O·N·T·E·N·T·S

DENTIST

치과의사 김경아의
프러포즈

다만 치과의사라는 직업이 전문성과 경제적 보상을 가져다 준다는 인식 때문에, 단순히 성적이나 부모님의 권유로 자신이 원하지 않는 길을 선택하고 있는 것은 아닌지 다시 한번 생각해 봤으면 좋겠습니다. 환자를 치료하는 일은 보람 있지만, 환자의 상태가 호전될 때까지 기분 좋은 말을 듣기 어렵고, 급변하는 사회 속에서 다양한 환자들의 요구에 부응해야 하므로 정신적인 스트레스와 업무 강도가 높습니다. 또한, 치과 개원 시장이 포화 상태라 경쟁이 심해져 경제적인 어려움을 겪을 수도 있습니다.

하지만 치열한 경쟁 속에서도 한 분 한 분에게 최선을 다해 진료하다 보면, 치료를 통해 환자의 미소를 보는 순간 큰 보람을 느끼고 자아실현을 할 수 있습니다. 치과의사는 단순히 치아만 치료하는 것이 아니라, 환자의 건강과 행복에 기여하는 중요한 역할을 합니다.

치과의사의 꿈을 향해 나아가는 여러분을 응원합니다. 입시라는 길이 쉽지만은 않겠지만, 목표를 정하고, 꾸준히 노력한다면 분명 꿈을 이룰 수 있을 것입니다. '전국의 600명 안에 들 수 있을까?', '내가 과연 할 수 있을까?'라는 의심보다는 '내가 원하는 미래의 치과의사가 되기 위해 최선을 다하자.'라는 확신을 가지고 노력하세요. 지금 당장 큰 목표 달성이 어렵더라도, 작은 목표를 하나씩 이루어 나가면서 자신감을 키워나가길 바랍니다.

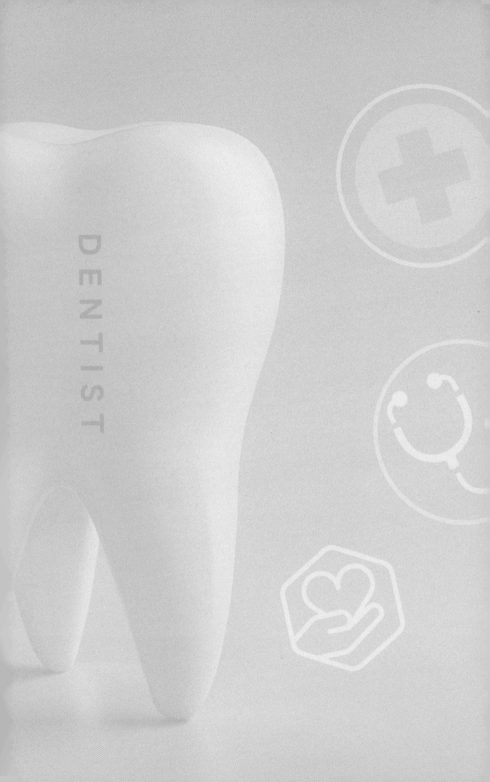

DENTIST

첫인사

편 **토크쇼 편집자**

김 **치과의사 김경아**

편 교수님, 안녕하세요? 저희 아이들이 경희대학교 치과병원에서 몇 년간 교수님께 치료받고 건강하고 아름다운 웃음을 갖게 되어 늘 감사드리고 있습니다. 깊은 인연으로 교수님을 잡프러포즈 저자로 모시게 되어 기쁩니다.

김 네. 반갑습니다. 소울이, 소봄이 덕분에 치과의사라는 직업을 친구들에게 소개할 기회를 얻게 되어서 저 역시 영광입니다. 치과의사를 꿈꾸고 있는 친구들에게 직접적으로 도움이 될 수 있도록 치과의사의 세계에 대해서 자세히 소개해 보도록 하겠습니다.

편 청소년들에게 치과의사라는 직업을 프러포즈하는 이유는 무엇인가요?

김 잡프러포즈 책에 관해서 이야기를 듣고 한번 검색해 봤습니다. 청소년들의 진로와 직업 탐색을 위해서 정말 많은 직업에 대해 자세히 소개되어 있었는데요. 그동안 이렇게 많은 직업이 소개되고 책이 발간되는 동안 치과의사에 대해서는 소개되지 않았다고 해서 조금 놀랐습니다. 길을 가다 보면 어디에서든 쉽게 치과를 볼 수 있음에도 불구하고, 치과의사가 인기가 없는 직업이 되었나, TV 드라마 속에서 비치는 치과의사의 이미지가 청소년들에게 매력적이지 못했나라는 고민이 들었습니다. 요즘 대학 입시에서 의대가 최고의 화두이지만, 의학만큼 치의학도 매력적인 학문 분야이며, 단순히 충치 치료를 넘어 다양한 질환을 진단하고 치료하는 중요한 역학을 담당합니다. 청소년들에게 치과의사의 다양한 역할과 가치를 알리고, 미래의 치과의사를 꿈꾸는 학생들에게 도움이 되고 싶어, 이렇게 프러포즈하게 되었습니다.

편 교수님께서는 항상 환자와 보호자들을 편안하게 대해주셔서, 저는 교수님의 모습이 신기하고, 대단해 보였습니다. 환자들을 대할 때 교수님이 보여주시는 여유와 따뜻함이 어디에서 나오는지 궁금합니다.

김 말씀 감사합니다. 대학병원에서 교정과에서 진료하다 보면, 특히 청소년 환자들이 많아 하교 시간대에 붐비는 경우가 많습니다. 사실, 늘 여유롭지는 않지만, 수련 시절 지도교수님께서 가르쳐 주신 '곡능유성'의 가르침을 마음속에 새기고 있습니다. "작은 것에 성실하라. 성실하면 저절로 드러나고, 드러나면 분명해지고, 분명해지면 밝아지고, 밝아지면 감동하고, 감동하면 변하고, 변하면 얻을 것이니, 지극한 성실함만이 세상을 변화시키는 힘이다."라는 중용 23장의 말씀처럼, 환자 한 명 한 명에게 정성을 다해 진료하는 것이 중요하다고 생각합니다. 특히 교정 진료는 장기간 치료해야 하므로, 환자와의 신뢰 관계 형성이 무엇보다 중요합니다. 따라서 저는 진료뿐만 아니라 환자와의 소통에도 힘쓰고 있습니다. 또한, 제가 진료하는 모습을 치과대학 학생들, 인턴, 레지던트 선생님들이 지켜보고 있다는 것을 항상 기억하며, 학문적인 역량뿐만 아니라 환자를 대하는 태도 또한 본받을 수 있는 모습을 보여주기 위해 노력하고 있습니다.

편 치과는 왠지 모르게 긴장되는 공간인 것 같아요. 아이들을 자주 데리고 가지만, 솔직히 저는 개인적으로 치과에 가는 것을 최대한 미루다가 가는 편이에요.^^ 하지만 치아와 턱은 얼굴의 중심이라 미관상 중요하고, 아플 때는 일상생활에 큰 불편을 주기 때문에 가족들이 자주 찾는 곳이기도 하죠. 교수님께서는 대학병원 교수이자 두 아이의 엄마로서, 치과의 중요성을 어떻게 생각하는지 궁금합니다.

김 예전에 안과 교수님께서 "눈은 두 개지만, 치아는 유치가 나오고, 이후에 영구치가 맹출되니 충치가 생긴 유치의 치료 필요성에 대해 어떻게 생각하십니까?"라고 질문하신 적이 있습니다. 모든 치료가 그렇듯이, 특히 치과 치료는 아이들에게 두렵고 힘든 경험일 수 있습니다. 시끄러운 소리와 불편한 자세로 치료를 받아야 하니 간단한 치료라도 아이들은 더욱 무서워하고 힘들어하죠. 그래서 의도하지 않게 치료를 미루는 경우가 종종 발생합니다. 하지만 유치의 충치를 방치하면 뿌리까지 염증이 퍼져 영구치의 뿌리를 손상할 수 있고, 심지어는 영구치가 올바른 위치에 나지 못하도록 방해하여 부정교합을 유발할 수 있습니다. 영구치 역시 마찬가지로, 한 번 손상되면 주변 치아에도 영향을 미치기 때문에 정기적인 검진과 조기 치료가 매우 중요합니다. 예로부터 치아 건강이 신체의 오복 중 하나라고 여겨져 왔습니다. 치아 건강은 올바른 관리와 정기적인 검진을 통해 유지될 수 있기 때문에 치과에 대한 두려움을 극복하고 정기적으로 검진을 받는 것이 중요합니다.

편 우리나라가 초고령화 사회로 접어들었고, 사람들의 평균수명은 의학의 발전으로 계속 길어진다고 합니다. 치과병원과 치의학은 앞으로 어떻게 발전할까요?

김 요즘은 학문도 급격한 변화를 겪고 있어 앞으로의 변화를 예측하기가 상당히 어렵습니다. 특히 치의학은 다른 신체 기관과 달리, 한번 손상된 치아는 자연적으로 회복되지 않고 노화와 함께 치조골이 흡수되어 치아 상실이 가속화된다는 점에서 더욱 복잡한 문제를 안고 있습니다. 100세 시대를 맞이하여 치아를 건강하게 유지하고자 하는 욕구가 높아짐에 따라, 치의학 연구는 치아와 치조골의 재생, 노화 방지 등을 중심으로 활발하게 진행되고 있습니다. 또한, 인공지능과 3차원 디지털 기술의 발달로 진단의 정확도가 높아지고, 조기 진단이 가능해지면서 환자 개개인에 최적화된 맞춤 치료 계획을 수립할 수 있게 되었습니다. 이러한 기술 발전을 통해 치료의 성공률을 높이고 조기 치료를 가능하게 하여 더욱 효과적인 치료 결과를 얻을 수 있습니다. 특히, 우리나라는 이러한 분야에서 세계적으로 선도적인 위치를 차지하고 있어, 청소년들이 치과의사에 대한 긍정적인 인식을 갖고 이 분야에 관심을 두도록 하는 데 큰 도움이 될 것입니다.

편 저는 지금까지 많은 직업인을 인터뷰하면서 한 가지 질문을 꾸준히 던져왔습니다. 교수님께서는 진정한 직업인이 어떤 사람이라고 생각하시는지 궁금합니다.

김 예전 신문에서 "당신은 직장인인가요? 아니면 직업인인가요?"라는 기사 제목을 본 적이 있습니다. 단순히 돈을 벌기 위해 일하는 직장인이 아닌, 자신만의 전문성을 바탕으로 가치를 창출하고 지속적인 성장을 추구하는 직업인의 의미를 되짚어보는 기사였죠. 진정한 직업인은 단순히 급여를 받기 위한 수단으로 일하는 것을 넘어, 자기 일에 대한 열정과 책임감을 가지고 끊임없이 배우고 성장하며 사회에 기여하는 사람이라고 생각합니다. 저 역시 진정한 교정 전문의가 되기 위해 부단히 노력하고 있으며, 학교에 남아 연구를 이어가는 이유도 바로 여기에 있습니다.

편 그럼, 건강하고 아름다운 미소를 책임지는 치과의사의 세계로 들어가 볼까요?

DENTIST

치의학이란

치의학이란 무엇인가요?

편 치의학이란 무엇인가요?

김 치의학 齒醫學, Dentistry은 치아, 치주 조직, 위턱(상악)과 아래턱(하악), 턱관절, 얼굴 및 이와 연결된 머리와 목 등의 인접 구조물의 건강을 유지하고 질병을 예방, 진단, 치료하는 의학의 한 분야입니다. 크게 기초치의학과 임상치의학 분야로 나뉘며, 기초치의학에는 구강생리학, 치과병리학, 치과생화학, 치과미생물학, 치과약리학, 구강해부학, 치과재료학, 예방치과학 등이 포함됩니다. 임상치의학에는 구강악악면외과학, 치과보존학, 치과보철학, 치과교정학, 영상치의학, 소아치과학, 치주과학, 구강병리학, 구강내과학이 있습니다.

치의학의 역사에 대해 알고 싶어요.

편 치의학의 역사에 대해 알고 싶어요.

김 저도 여러 책을 찾아봤는데요, 치의학의 역사를 고대, 중세, 18세기 이후로 나누어 설명해 드리겠습니다.

고대, 치의학의 기원

고대 치의학의 기원은 기원전 5,000년 수메르 문명의 기록에서 찾아볼 수 있습니다. 당시에는 썩은 치아의 원인을 '치아 벌레'로 설명했죠. 기원전 2,600년경에는 이집트 서기관 헤시-레Hesy-Re가 최초의 치과의사로 불리며, 그의 무덤 비문에는 '치아를 다루는 사람 중 가장 위대하고 의사 중 가장 위대한 사람'이라는 칭호가 새겨져 있었습니다. 이는 역사상 가장 오래된 치과 전문가에 대한 기록입니다. 기원전 1,700~1,550년경의 이집트 텍스트인 에베르스 파피루스Ebers Papyrus에는 치아 질환과 다양한 치통 치료법이 기록되어 있으며, 기원전 500~300년에는 히포크라테스와 아리스토텔레스가 치아 발치 패턴, 충치, 잇몸 질환 치료, 발치 및 골절된 턱을 고정하는 방법 등을 기록했습니다. 기원전 100년경에는 로마의 켈수스Celsus가 구강 위생, 치통, 턱 골절 치료에 대한 광범위한 내용을 저술했습니다. 기원후 166~201년 사이에는 에트루리아인 Etruscans들이 금관과 고정된 브리지를 사용하여 치과 보철술을 시행한 기록도 있습니다.

중세, 치과의사의 시작

중세 시대에 치의학은 점차 전문화되기 시작했습니다. 700년경 중국 의학 문헌에는 치과 치료에 사용된 '은 페이스트'라는 아말감에 대한 기록이 등장합니다. 1210년 프랑스에서는 이발사 길드Guild가 설립되면서 이발사들이 외과 수술을 수행하는 등 다양한 역할을 맡게 되었습니다. 이들은 복잡한 외과 수술을 담당하는 외과의사 그룹과 면도, 출혈, 발치 등의 일상적인 위생 서비스를 제공하는 이발사-외과의사 그룹으로 나뉘었습니다. 1400년에는 프랑스 왕실 법령에 의해 평민 이발사의 외과적 수술 범위가 제한되었고, 1530년 독일에서는 최초의 치과 전문 서적인 『모든 종류의 치아 질병과 불구에 대한 소책자Artzney Buchlein』가 출판되며 치과 치료에 대한 체계적인 연구가 시작되었습니다. 1575년에는 프랑스 외과의 아버지 앙브루아즈 파레Ambroise Paré가 발치, 충치, 턱 골절 치료 등에 대한 실용적인 정보를 담은 저서 『Complete Works』를 출판하며 치의학 발전에 기여했습니다.

18세기, 전문적인 치과의사로의 발전

18세기는 치의학이 전문 분야로 자리매김하고 체계화되기 시작한 시기입니다. 1723년, 프랑스의 외과의사 피에르 포샤르Pierre Fauchard는 『Le Chirurgien Dentiste 치과외과의』을 통해 치과학의 토대를 마련했습니다. 이 책은 기본적인 구강 해부학과 기능, 수술 및 수복 기술, 그리고 틀니 제작 방법까지 상세히 다루며 현대 치과의 아버지로 불리는 포샤르를 치의학 역사에 기록하게 했습니다. 1746년, 클로드 무통Claude Mouton은 금관에 근관을 고정하는 기술과 함께 금관의 미적 완성도를 높이기 위한 에나멜링 기법을 제시하며 치과 보철학 발전에 기여했습니다.

⊕ 현대 치의학의 아버지 피에르 포샤르

출처: 『치과의사』, 강명신 김백일 김혜영 김희진 박용덕 박호원 이주연 조영수 옮김, 지식을만드는지식 刊, 사륙판

아름다운 미소를 만드는
치과의사

20세기와 그 이후의 혁신

20세기 이후, 치의학은 괄목할 만한 발전을 이루었습니다. 1905년 독일 화학자 알프레드 아인호른Alfred Einhorn이 국소 마취제 프로카인을 상품명 노보카인으로 출시하면서 환자의 고통을 줄이는 데 크게 기여했습니다. 1907년 윌리엄 태거William Taggar는 정밀 주조 충전재 제작을 위한 'Lost Wax' 주조 기계를 발명하여 보철 치료의 질을 향상했습니다. 1908년 그린 바디먼 블랙Greene Vardiman Black은『수술 치과학』을 출판하여 충치 치료, 수술 절차, 치과 재료, 그리고 교육 방식에 대한 새로운 기준을 제시했습니다. 1930년에는 세계 최초의 치과 전문 위원회인 미국 교정학회가 설립되어 교정 치료 분야의 발전을 이끌었고, 1937년에는 앨빈 스트로크Alvin Strock가 최초의 비탈륨 임플란트를 삽입하는 데 성공했습니다. 1945년부터는 뉴욕의 뉴버그와 미시간의 그랜드 래피즈가 공공 수도 시스템에 불화나트륨을 추가하면서 불소화 시대가 시작되었습니다. 1948년 해리 트루먼Harry S. Truman 대통령은 치과 연구를 위한 연방 자금 지원을 시작하고 국립치과연구소를 설립했습니다. 1950년 최초의 불소치약이 출시되었고, 1957년, 존 보든John Borden이 고속 치과용 핸드피스를 도입하여 치과 치료의 효율성을 획기적으로 개선했습니다. 1960년대에는 레이저가 잇몸 질환 치료 등에 활용되기 시작했으며, 스위스에서 개발된 전동 칫솔이 미국에 도입되었습니다. 1962년 라파엘 보엔Rafael Bowen은 치과용 수복 재료인 Bis-GMA를 개발했습니다. 1980년 퍼 잉바르 브레네막Per-Ingvar Branemark은 치과 임플란트의 골융합 기술을 발표하며 임플란트 치료의 새로운 지평을 열었습니다. 이후 3차원 디지털 기술과 인공지능의 발달은 치과 진단과 치료에 혁신을 가져오며, 치의학은 더욱 정밀하고 효과적인 분야로 발전하고 있습니다.

의학과 치의학이 분리된 이유가 뭔가요?

편 의학과 치의학이 분리된 이유가 뭔가요?

김 크게 보면 치의학은 의학의 한 분야입니다. 인체를 다루는 의학이라는 큰 범주 안에서 인체의 기관에 따라 치의학, 내과학, 외과학 등으로 세부화되어 있습니다. 치의학은 치아, 잇몸, 턱뼈, 턱관절, 얼굴 등 구강과 관련된 질환을 예방, 진단, 치료하고 구강 건강을 유지하는 데 중점을 둡니다. 이를 위해 치아의 구조와 기능에 대한 깊이 있는 이해를 바탕으로 다양한 치료 방법을 개발하고 적용합니다.

치열의 변화

유치열　　초기 혼합치열기　　후기 혼합치열기　　영구치열기

구강 조직은 다른 인체 조직과는 달리 고유한 성장 발달 과정을 거치며, 손상 시 스스로 재생되지 않는 특징을 가지고 있어 의학과 분리되어 독립적인 학문 체계를 갖추게 되었습니다. 예를 들어, 신체의 기관들은 태어나면서부터 존재하고, 성장하면서 크기가 커지고 기능이 세분되는 특징을 보인다면, 치아는 출생 시에는 존재하지 않고 유아기에 순차적으로 맹출하며, 영구치로 교체되는 과정을 거칩니다. 즉, 치아가 맹출하고 교환되는 과정을 겪게 되면서 치열이 완성되는 특징을 보이죠. 또한 손상된 치아는 자연 치유가 어렵기 때문에 인공적인 수복 재료를 이용한 치료가 필요하며, 이는 치과 치료가 치과 재료의 발달과 밀접하게 연관된 이유입니다.

치의학과에서도 해부학 수업을 하나요?

편 치의학과에서도 해부학 수업을 하나요?

김 해부학 Anatomy은 정상적인 인체의 형태와 구조를 연구하는 학문입니다. 'Anatomy'라는 단어는 그리스어 'AnaApart, 분리하는'과 'TomyCut, 자르다'에서 유래되었는데, 이는 신체의 구조를 연구하기 위해 사체를 절개하는 과정을 의미합니다. 치과대학 학생들은 의과대학 학생들과 마찬가지로 해부학 이론 수업과 실제 해부 실습이 필수 과목에 포함되어 있습니다. 해부학 수업은 크게 인체해부학과 두경부해부학으로 나뉘는데, 인체해부학에서는 근육계, 골격계, 호흡계, 신경계, 소화계, 비뇨계, 생식계 등 기능적 단위로 나누어서 학습합니다. 두경부해부학에서는 치과에서 가장 많이 다루는 머리와 목, 즉 두경부의 구조(여덟 개의 머리뼈, 열네 개의 안면골, 근육, 혈관, 치아, 혀 등)가 어떻게 구성되어 있고 어떤 기능을 하는지 배우고 있습니다.

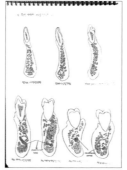

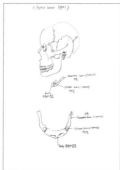

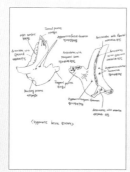

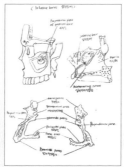

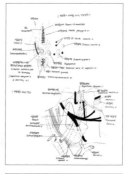

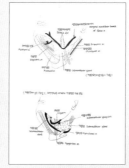

⊕ 두경부해부학 실습 노트

치의학은 어떤 분야로 나뉘나요?

편 치의학은 어떤 분야로 나뉘나요?

김 치의학은 크게 기초치의학과 임상치의학으로 나눌 수 있습니다. 기초치의학에는 구강생리학, 치과병리학, 치과생화학, 치과미생물학, 치과약리학, 구강해부학, 치과재료학, 예방치과학 등이 있고, 임상치의학에는 구강악악면외과학, 치과보존학, 치과보철학, 치과교정학, 영상치의학, 소아치과학, 치주과학, 구강병리학, 구강내과학이 있습니다. 경희대학교 치과병원의 경우, 임상치의학의 주요 분야를 중심으로 여덟 개 과를 운영하고 있습니다.

⊕ 임상치과 진료과 분류

흔히 임상에서 다루는 치과 분야는 다음과 같이 여덟 개의 전문 분야로 나뉩니다.

1. 치과교정과

소아 청소년 성장기 환자의 교정 치료, 성인 교정, 양악수술을 포함한 교정 치료, 코골이 및 수면무호흡증 교정, 구순구개열 및 턱 얼굴 기형 환자의 교정 치료를 담당합니다.

2. 치과보철과

상실되거나 손상된 치아와 주변 조직을 인공적인 대체물로 치료하여 환자의 저작 기능과 심미성을 회복시키는 임상 분야입니다. 대표적인 치료 방법으로는 크라운, 브리지와 같은 고정성 국소의치, 부분 틀니, 완전 틀니와 같은 가철성 의치, 임플란트, 임플란트 의치, 래미네이트와 같은 심미 보철, 그리고 악안면 보철, 악관절 치료 등이 있습니다.

3. 보존과

치아 및 치근단 주위 조직에 발생하는 다양한 질환을 진단하고 치료하는 과로, 치아우식증, 근관 치료(신경 치료), 지각 과민증, 심미적 수복 치료, 미세 치근단 수술, 치아 재식 및 이식술, 치아 외상 처치, 치아 미백 치료 등을 시행합니다.

4. 치주과

치주 질환(풍치) 예방 및 관리를 위한 스케일링(치석 제거술)과 치주 질환 치료를 위한 치은연하 소파술, 치근활택술 및 외과적 치주 치료를 시행합니다. 또한, 염증성 또는 약물에 의한 치은비대증, 치은퇴축 등에 대한 심미 치주 치료를 하고 있으며, 인공치아 매식술(임플란트), 임플란트 주위염 치료, 골이식술 등을 시행합니다.

5. 소아치과

어린이와 청소년을 대상으로 충치 예방 및 치료, 치아 외상 치료, 공간 유지, 성장 발육을 고려한 교정 치료 등을 시행합니다.

6. 구강악안면외과

안면기형 수술, 임플란트 식립 및 골이식술, 턱관절 장애에 대한 수술적, 비수술적 치료, 안면 결손 부위 재건 수술, 안면 부위 골절 수술, 구강 및 안면 부위 악성 및 양성 종양, 낭종의 예방 및 치료, 구강 및 안면 감염 치료, 침샘 질환 치료, 매복 사랑니 발치 등을 시행합니다.

7. 구강내과

내과적인 접근을 통해 구강, 안면, 턱에서 발생하는 다양한 질환을 진단하고 치료하는 전문 분야입니다. 주요 진료 질환으로는 턱관절 장애, 구강안면 통증, 이갈이, 이 악물기, 구강 건조증, 구취, 미각장애, 코골이, 수면무호흡증, 치과 수면장애, 비정형 치통, 안면 통증, 스트레스성 구강 질환 등이 있습니다. 또한, 연령 감정 및 법치의학 감정도 시행합니다.

8. 영상치의학과

다양한 의료 영상을 통해 치아, 구강, 턱, 얼굴 및 목 부위 질환을 진단하는 치과의 한 분야입니다.

치의학 관련 직업들이 궁금해요.

편 치의학 관련 직업들이 궁금해요.

김 치의학 관련 직업은 크게 임상 분야와 기초 연구 분야로 나눌 수 있습니다. 임상 분야에는 치과의사, 치과위생사, 치과 기공사, 방사선사, 치과 조무사 등이 있으며, 기초 연구 분야에는 치의학 연구자가 있습니다.

1. 치과의사 Dentist
구강, 치아, 잇몸 등 구강 질환을 진단하고 치료하며, 예방 치료를 수행합니다.

2. 치과위생사 Dental Hygienist
치과의사를 도와 환자의 구강질환 예방, 유지, 증진, 회복을 관리하며, 치석 제거, 불소 도포, 임시 충전 등을 담당합니다.

3. 치과기공사 Dental Technician
치과의사의 처방에 따라 구강 기공물, 충전물, 구강 외 장치 등을 제작하고 수리합니다.

4. 치과방사선사 Dental Radiologic Technologist:
구강 내 골격과 치아의 이상 여부를 관찰하기 위한 의료 영상을 촬영합니다.

5. 기초치의학 연구자 및 교육자 Basic Dental Science Researchers and Educators
구강생리학, 구강미생물학, 구강병리학, 예방치과학 등 기초치의학 과목을 연구하고 교육하며, 치과 재료의 물리화학적 성질 연구와 신소재 개발 등을 담당합니다.

이 외에도 치의학 관련 기업들은 임상에서 사용되는 치과 재료의 생체적합성 및 첨단 의료 환경에 대한 연구 개발에 힘쓰고 있습니다. 이러한 다양한 분야의 전문가들이 협력하여 국민 구강 건강 증진에 기여하고 있습니다.

우리나라 치의학 수준은 어느 정도인가요?

편 우리나라 치의학 수준은 어느 정도인가요?

김 우리나라 치의학은 세계적으로 높은 수준을 자랑하며, 특히 임상 분야에서 뛰어난 성과를 보여 많은 국가에서 한국을 찾고 있습니다. 많은 해외 의료진들 또한 우리나라 치과대학의 학위과정 및 단기/장기 진료 실습 프로그램에 참여하고 있습니다. 분야별로 살펴보면,

1. 국제 학술 연구 및 논문

대한민국의 치의학 연구는 국제적으로 권위 있는 〈치의학 저널〉에 지속적으로 논문이 게재되며, 세계적인 수준의 연구 성과를 인정받고 있습니다.

2. 교육기관 평가

대한민국의 치의학 교육기관들은 세계적인 수준의 교육 프로그램을 통해 인재를 양성하고 있으며, 국제적인 대학 평가에서 상위권을 차지하며 그 우수성을 인정받고 있습니다.

3. 치과 임플란트 기술

Table 2: The first 20 countries in terms of orthodontic research output, alongside alterations in their ranking and publication yield in 2011-2015 and 2016-2020.

Rank	Country	Total	2011-2015		2016-2020		Trend change (%)
			Rank	Articles	Rank	Articles	
1	United States	1869	1	951	1	918	-3
2	Brazil	1552	2	897	2	655	-27
3	South Korea	705	3	363	3	342	-6
4	Italy	624	4	316	4	308	-3
5	United Kingdom	604	6	297	5	307	3
6	Germany	525	5	305	9	220	-28
7	Japan	522	7	285	6	237	-17
8	Turkey	486	8	257	7	229	-11
9	China	386	10	164	8	222	35
10	India	365	9	180	10	185	3
11	Switzerland	323	11	139	11	184	32
12	Canada	304	12	132	12	172	30
13	France	200	13	102	18	98	-4
14	Greece	198	14	88	15	110	25
15	Australia	191	16	73	13	118	62
16	Iran	178	18	63	14	115	83
17	Egypt	161	20	53	16	108	104
18	Saudi Arabia	161	19	56	17	105	88
19	Sweden	154	15	74	19	80	8
20	Netherlands	137	17	66	20	71	8

Table 3: The first 20 institutions in terms of orthodontic research output, alongside alterations in their ranking and publication yield in 2011-2015 and 2016-2020.

Rank	Affiliation	Articles	2011-2015		2016-2020	
			Rank	Articles	Rank	Articles
1	Universidade de São Paulo (USP)	444	1	227	1	217
2	Universidade Federal do Rio de Janeiro	208	2	140	7	68
3	Kyung Hee University	190	5	87	2	103
4	University of Alberta	183	7	80	3	103
5	Seoul National University	159	4	91	8	68
6	Universidade Estadual Paulista (UNESP)	156	3	94	10	62
7	University of Michigan, Ann Arbor	148	9	75	6	73
8	University of Zurich	147	13	57	4	90
9	University of Bern	147	6	80	9	67
10	Yonsei University	139	10	65	5	74
11	Università degli Studi di Firenze	120	12	63	12	57
12	National and Kapodistrian University of Athens	113	15	56	13	57
13	Universität Bonn	104	14	56	20	48
14	Universidade do Estado do Rio de Janeiro	103	8	75	45	28
15	St. Louis University	103	19	49	14	54
16	The University of North Carolina at Chapel Hill	102	17	49	15	53
17	University of Ferrara	100	16	53	22	47
18	Arizona School of Dentistry and Oral Health	98	28	37	11	61
19	Texas A&M University System	96	11	64	39	32
20	The Catholic University of Korea	89	17	50	29	39

출처: 〈Dental Press J Orthod〉, 2023 Apr 3:28(1):e2321175

의료기기 생산액 상위 10위 품목

■ '22년 의료기기 생산액에서 치과용 임플란트 고정체는 1조 8,356억원으로 2위

- 치과 임플란트는 2위, 6위, 8위에 위치하여 상위권을 차지하고 있음.
- 코로나19로 인한 진단 의료기기의 급격한 성장에도 불구하고 치과 임플란트는 전년 대비 고정체 27.1%, 상부구조물 9.1%, 시술기구 31.3%로 꾸준히 증가함.

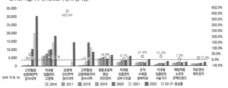

출처 : 의료기기 생산 및 수출입실적 통계자료, 식품의약품안전처

의료기기 수출액 상위 10위 품목

■ '22년 의료기기 수출액 순위 중 치과용 임플란트 고정체 4위, 입체광학인상채득장치 7위, 치과용 전산화단층촬영엑스선장치 9위 차지

- 전년 대비 치과용 임플란트 고정체는 30.1%, 입체광학인상채득장치 53.4%, 치과용 전산화단층촬영엑스선장치 7.6%의 증가율을 보임.

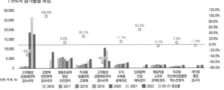

출처 : 의료기기 생산 및 수출입실적 통계자료, 식품의약품안전처

치과 외래 진료 횟수

■ 국민 1인당 치과 외래 진료 횟수 중 한국은 1.6회로 OECD 국가 중 3위

- 1위는 네덜란드 3.1회로 한국의 약 2배 수준임.
- 한국의 국민 1인당 치과 외래 진료 횟수는 지난 10년간 큰 변화가 없었음.
  한국의 치과 외래진료 횟수 : ('10) 1.7회 → ('15) 1.4회 → ('21) 1.6회

출처 : OECD Statistics, OECD

대한민국은 세계적인 수준의 치과 임플란트 기술력을 보유하여, 고품질의 임플란트 제품을 전 세계에 수출하고 있습니다. 높은 안전성과 혁신성을 바탕으로 많은 국가에서 대한민국산 임플란트를 신뢰하고 있으며, 이는 우리나라 치과 산업의 위상을 높이는데 기여하고 있습니다.

4. 의료 서비스 품질

대한민국의 치과병원들은 디지털 X-ray, 3D 프린팅 등 최첨단 장비를 도입하여 정확한 진단과 맞춤형 치료를 제공하고 있습니다. 또한, 건강보험 제도의 지원으로 국민들은 경제적 부담 없이 높은 수준의 치과 치료를 받을 수 있습니다.

5. 국제 순위 및 평가

OECD 건강 통계에 따르면, 대한민국은 치과 진료 접근성과 서비스 품질 부분에서 높은 평가를 받고 있으며, 국제치과학회에서 활발한 활동을 펼치는 대한민국 연구자들의 수상이 이어지고 있습니다.

치의학은 앞으로 어떻게 발전할까요?

편 치의학은 앞으로 어떻게 발전할까요?

김 치의학은 치료 기술의 고도화와 다양한 정책적 지원을 바탕으로 크게 발전할 것으로 기대됩니다.

1. 디지털 기술의 적용과 확산

CAD/CAM 시스템과 3D 프린팅 기술은 치과 재료 제작에 널리 사용되며, 디지털 스캐닝과 가상 모델링 기술은 정밀한 치료 계획 수립에 활용됩니다. 특히, 인공지능 기반의 진단 및 치료 지원 시스템이 발전하면서 더욱 정확하고 개인화된 치료 방법이 개발될 전망입니다.

2. 치과 재료학의 진보

치과 재료학은 임플란트, 보철물, 치아 보존 재료 등의 개발과 연구가 활발하게 진행되고 있습니다. 이를 통해 치료의 지속 가능성과 내구성을 높이기 위한 다양한 재료 연구가 이루어지고 있으며, 이는 환자의 치아 건강을 보호하고 치료의 효과를 극대화하는 데 중요한 역할을 합니다.

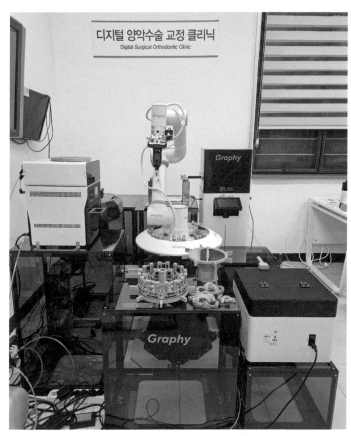

⊕ CAD/CAM 시스템과 3D 프린팅 기술을 이용하고 있는 치과 진료실

3. 예방 치과 및 개인 맞춤형 치료의 강화

예방 치과의 중요성이 점점 더 강조되고 있습니다. 예방적 접근을 통해 치주 질환과 치아 우식을 예방하는 노력이 강화되

고 있으며, 유전자 정보와 생리학적 특성을 고려한 맞춤형 치료 방법이 발전하면서 개인 맞춤형 치료의 가능성이 넓어지고 있습니다.

4. 치과 보건 정책과 시스템의 발전

디지털 전환과 함께 치과 보건 시스템이 개선되고 있습니다. 전자 건강 기록 EHR, Ectronic Health Records 시스템의 도입은 환자 관리와 치료 과정의 효율성을 높이는데 기여하고 있으며, 보험 보장 확대 등 정책적 노력으로 치료 접근성이 향상되었습니다.

5. 국제적 협력과 연구 네트워크

국제적인 협력과 연구 네트워크를 통해 치의학의 발전은 가속화될 것입니다. 국제 학회와 연구 프로젝트를 통해 최신 기술과 연구 결과를 공유하며, 다양한 문화적, 지역적 배경에서의 치료 방법을 고도화하는 방향으로 발전하고 있습니다.

6. 인공지능의 적용

AI 기반 시스템은 진단의 정확성을 높이고, 환자의 구강 상태를 분석하여 최적의 치료 계획을 수립하는 데 도움을 줍니다.

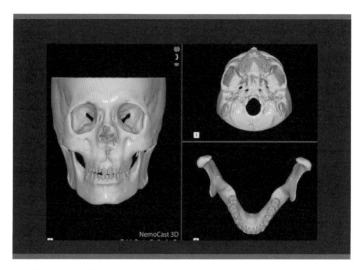

⊕ 인공지능을 이용한 부정교합의 진단과 치료 계획 수립

또한, 치료 결과를 예측하고 잠재적인 합병증을 경고하며, 자동화된 치료 시스템을 통해 정밀하고 효율적인 치료를 가능하게 합니다. 또한, AI는 환자 교육 및 관리, 연구 개발 촉진 등 여러 방면에서 중요한 역할을 하게 될 것입니다.

이러한 발전은 치의학이 더욱 정교하고 효율적인 치료 방법을 개발하고, 환자 중심의 맞춤형 치료를 제공하는 방향으로 나아가고 있음을 보여줍니다.

DENTIST

치과의사의
세계

치과의사는 어떤 업무를 하나요?

편 치과의사는 어떤 업무를 하나요?

김 치과의사는 환자의 구강 건강을 종합적으로 평가하고, 다양한 치과 질환을 진단하여 맞춤형 치료를 제공하는 전문가입니다. 충치, 잇몸 질환, 보철, 임플란트, 발치 등 다양한 치료를 시행하죠. 그리고 정기적인 검진을 통해 충치나 잇몸 질환 등 구강 질환을 조기에 발견하고 예방합니다. X-ray 촬영과 올바른 구강 관리 교육을 통해 환자의 구강 건강을 유지하도록 돕습니다.

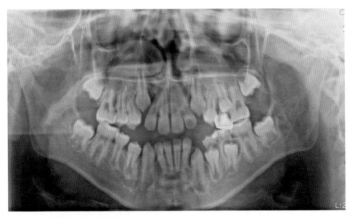

⊕ 환자의 치열을 평가하기 위한 파노라마

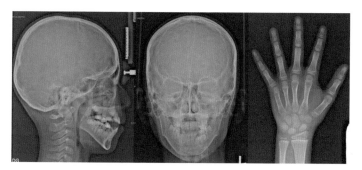

⊕ 환자의 골격을 진단하기 위한 X-ray

또한, 교정 치료를 통해 부정교합이나 턱뼈 위치 문제를 해결하고, 교정 장치를 이용하여 치아를 바르게 배열합니다. 필요에 따라 성장기 어린이의 경우 턱뼈 성장을 조절하기도 합니다.

임플란트는 빠진 치아 자리에 인공 뿌리를 심고 그 위에 인공치아를 연결하여 자연치아와 같은 기능을 회복시키는 치료입니다. 요즘과 같은 100세 시대에는 잇몸 질환 관리도 중요하죠. 치과의사는 치은염, 치주염 등 다양한 잇몸 질환을 예방하고 치료하여 잇몸 건강을 유지합니다. 치과의사는 환자와 충분히 소통하며 치료 계획을 설명하고, 환자의 질문에 친절하게 답변하여 안심하고 치료받을 수 있도록 합니다. 이를 통해 환자는 건강하고 아름다운 미소를 되찾을 수 있습니다.

이처럼 치과의사는 구강 건강을 통해 전신 건강을 증진하는 데 중요한 역할을 합니다. 특히 청소년기는 구강 건강의 기반을 다지는 시기이므로, 정기적인 치과 검진을 통해 건강한 치아를 유지하는 것이 중요합니다.

이 직업은 한국에서 언제 생겼나요?

편 이 직업은 한국에서 언제 생겼나요?

김 대한민국에서 치과의사라는 직업은 근대 의학이 본격적으로 도입된 19세기 말부터 20세기 초에 생겨났습니다. 개항 이후 일본인들이 치과술을 전파하면서 입치영업자들이 등장했고, 당시에는 '치과'라는 명칭 대신 '이해박는집', '잇방', '치방', '치술원' 등 다양한 이름으로 불렸습니다.

일본의 식민지 통치 시기, 일본식 의학 교육 제도가 도입되면서 치과의학 교육 체계가 함께 구축되었습니다. 1913년 일제는 치과의사 규칙을 제정하고, 1914년부터 시행하며 치과의사 면허 제도를 도입했습니다. 최초의 면허는 일본 치과의학전문학교를 졸업한 함석태에게 부여되었으며, 그는 이후 한성치과의원을 개원했습니다.

일제 강점기에 1916년 조선전문학교령에 따라 1922년 4월 2년제 경성치과의학전문학교가 설립되었습니다. 이는 현 서울대학교 치과대학의 전신이죠. 1925년 28명의 졸업생을 배출한 후, 1929년 4년제 경성치과의학전문학교로 승격되어 광복까지 운영되었습니다.

광복 후 경성치과의학전문학교는 경성치과대학으로 개편되

었고, 1945년 11월부터 순수 국내 인력으로 운영되기 시작했습니다. 이듬해인 1946년에는 국립 서울대학교의 한 단과대학으로 편입되었으며, 당시 부속병원은 구강외과, 치과보존과, 치과보철과 등 세 개 과로 구성되었습니다.

1959년부터는 6년제로 확대되어 치의예과가 신설되었고, 이후 생활 수준 향상과 인구 증가에 따라 의료 인력 수요가 증가하면서 경희대학교(1967), 연세대학교(1968), 조선대학교(1974), 전북대학교(1979), 단국대학교(1980), 강릉원주대학교(1992) 등 다수의 치과대학이 설립되었습니다. 현재 국내에는 열한 개의 치과대학이 있으며, 약 28,000명의 치과의사를 배출했습니다.

1955년까지 서울대학교 치과대학 부속병원의 임상진료과는 치과보존과, 치과보철과, 구강외과 등 세 개 과로 구성되어 있었습니다. 하지만 치의학 발전과 세분화에 따라 1956년 소아치과, 1957년 치주과, 1958년 치과방사선과, 1960년 구강진단과, 1964년 치과교정과가 순차적으로 신설되었습니다.

현재 치과 분야는 더욱 세분화되어 열아홉 개의 분과학회가 설립되었습니다. 분과학회로는 대한군진치과학회(1955), 대한치과교정학회(1959), 대한치과보존학회(1959), 대한구강외과학회(1959), 대한악안면방사선학회(1959), 대한소아치과학회(1959), 대한치과보철학회(1959), 대한치주과학회(1960), 대한치과의사학회(1960), 대한구강해부학회(1962), 대한구강보건학회(1962), 대한악안면성형재건외과학회(1962), 대한치과의료관리학회(1963), 대한구강병리학회(1963), 대한치과기재학회(1966), 대한구강내과학회(1975), 대한구강생물학회(1975), 대한치과이식학회(1976), 대한치과교합학회(1981)가 있습니다.

참고문헌
『경성치과대학연혁사』(경성치과대학동창회, 1964)
『대한치과의사협회사』(대한치과의사협회, 1980)
『한국치과의학사』(기창덕, 민족문화문고간행회, 1987)
『한국치학사』(이한수, 서울대학교 출판부, 1988)
『치과의사학』(이한수, 연세대학교 출판부, 1988)
『서울대학교치과대학화보』(서울대학교치과대학, 1989)
『치과대학교육현황』창간호 (전국치과대학장협의회, 1988)

치과의사의 진료 범위가 정해져 있나요?

편 치과의사의 진료 범위가 정해져 있나요?

김 네. 치과의사의 진료 범위는 의료법에 의해 명확하게 정해져 있습니다. 의료법은 의사, 한의사, 치과의사 등 각 의료인에게 면허된 범위 내에서만 의료 행위를 할 수 있도록 규정하고 있습니다. 치과의사는 의료법 제2조 제2항 제2호에 따라 '치과 의료'와 '구강 보건지도'를 수행하며, 사람의 치아 및 구강 질환에 대한 진단, 치료, 예방 등의 업무를 담당합니다. 또한, 치과의사는 처방권을 가지고 있으며, 필요한 경우 진단서를 포함한 의료 문서를 작성할 수 있습니다.

치과 진료의 범위는 충치 치료, 신경 치료, 보철 치료, 임플란트뿐만 아니라 구강암 수술, 악안면 재건술 등 매우 다양합니다. 일반적으로 치과 진료는 입안에 국한된다고 생각하기 쉽지만, 치과 질환과 관련된 모든 영역을 포함하죠. 예를 들어, 임플란트를 위해 뼈 이식이 필요한 경우, 환자의 뼈를 절제하여 이식하는 자가골 이식술도 치과의사가 직접 시행하는 치료 중 하나입니다. 즉, 치과의사는 구강뿐만 아니라 관련된 주변 조직까지 포괄적으로 치료할 수 있는 전문가입니다.

대학병원과 개인병원의 진료는 어떤 차이가 있나요?

(편) 대학병원과 개인병원의 진료는 어떤 차이가 있나요?

(김) 의과대학에서는 일반적으로 대학병원과 개인병원 간에 진료 범위가 다르게 설정되어 있으며, 3차 의료기관인 대학병원의 경우 1차 의료기관의 진료 의뢰가 있어야 진료를 받을 수 있는 경우가 많습니다. 하지만 치과는 의과와 달리 1차 의료기관인 개인 치과에서 진료 의뢰 없이 바로 대학 치과병원을 방문하여 진료받을 수 있습니다.

대학병원 치과와 개인병원 치과는 모두 치과 진료를 담당하지만, 근무 환경, 역할, 그리고 제공하는 진료의 종류와 난이도 등에서 큰 차이를 보입니다. 대학병원 치과는 다양한 치과 전문 분야로 나누어져 있으며, 복잡하고 난도가 높은 질환을 가진 환자들을 주로 진료합니다. 개인병원에서 의뢰된 환자들뿐만 아니라, 최신 치료법 연구를 위한 임상 시험 대상 환자들도 많이 찾고요. 또한, 치과대학 학생과 전공의의 교육을 담당하고, 다양한 학술 연구를 수행하며 치과의학 발전에 기여합니다.

개인병원 치과는 일반적인 치과 진료를 중심으로 운영됩니다. 충치 치료, 스케일링, 보철, 임플란트 등 일상적인 치과 치료를 주로 제공하며, 환자와의 친밀한 관계를 바탕으로 편안한 진료 환경을 조성하는 데 중점을 둡니다. 개인병원 치과의사는 본인의 의지로 교육과 세미나에 참여하여 최신 치과 지식을 습득할 수 있지만, 연구 활동은 상대적으로 제한적일 수 있죠. 또한, 병원 경영과 행정 업무를 직접 관리해야 하는 경우가 많으며, 병원 규모와 자원이 대학병원에 비해 상대적으로 제한적일 수 있습니다.

이러한 차이점들은 치과의사들이 어떤 근무 환경을 선호하고, 어떤 경력 목표를 가졌는지에 따라 진로 선택에 큰 영향을 미칩니다.

치과의사도 사람의 생명을 살리나요?

편 치과의사도 사람의 생명을 살리나요?

김 치과의사는 주로 구강 건강을 유지하고 치료하는 역할을 하지만, 때로는 생명을 위협하는 질환을 조기에 발견하여 환자의 생명을 구하는 중요한 역할을 수행하기도 합니다. 제가 구강악안면외과 인턴 시절, 숨을 쉴 수 없다고 호소하며 구급차에 실려 온 환자를 보았습니다. 심각한 구강 내 감염으로 인해 목 주변이 부풀어 올라 호흡이 어려운 상태였죠. 구강악안면외과 교수님들은 신속하게 감염 원인을 찾아 외과적 수술을

⊕ 경희대학교 치과병원 치과교정학교실 의국원

아름다운 미소를 만드는
치과의사

진행하여 환자의 생명을 구했습니다. 이처럼 구강 내 감염, 출혈, 교통사고로 인한 악골 골절 등은 생명을 위협할 수 있는 응급상황이므로, 구강악안면외과 의료진의 신속하고 정확한 판단과 치료가 무엇보다 중요합니다.

⊕ 구강 내에서 발생하는 구강암

그뿐만 아니라, 입안에서도 암이 발생할 수 있습니다. 구강암이라고 불리는 이 질환은 두경부암의 일종으로, 혀, 혀 밑, 볼 안쪽, 잇몸, 입천장, 입술 등 구강 내 다양한 부위에 발생하는 악성 종양입니다. 이러한 구강암을 비롯한 생명을 위협하는 구강악안면 부위의 질환은 구강악안면외과에서 수술 및 치료를 담당합니다.

전문성을 높이기 위해 특별히 노력하는 게 있나요?

편 전문성을 높이기 위해 특별히 노력하는 게 있나요?

김 대학병원은 환자들에게 전문적인 치료를 제공하기 위해 끊임없이 노력하고 있습니다. 매일 아침, 각 세부 학문 분야별로 교수님들이 주최하는 콘퍼런스를 통해 최신 지견을 공유하고 학술적인 성장을 도모하고 있습니다. 또한, 여러 진료과의 협진이 필요한 경우에는 환자를 중심으로 다학제 협진팀을 구성하여 다양한 관점에서 진단하고 치료 계획을 수립합니다. 이는 의학 드라마에서 자주 볼 수 있는 장면과 같이, 실제 임상 현장에서도 활발하게 이루어지고 있는 진료 방식이죠.

⊕ 교정과, 구강악안면외과, 신경과, 이비인후과가 참여하는 다학제 콘퍼런스

치과의사

요즘 치과 재료와 장비는 눈부시게 발전하고 있으며, 특히 우리나라가 이러한 발전을 선도하고 있습니다. 저는 새로운 치료 재료를 활용한 최신 치료법을 꾸준히 연구하고 있으며, 관련 학술대회에 참석하여 연구 결과를 발표하고 동료들과 지식을 공유하며 전문성을 향상하고 있습니다.

⊕ 학술대회 강연

⊕ 경희대학교 교정학교실 동문: 대한치과교정학회 학술대회 참석

아름다운 미소를 만드는
치과의사

외국과 우리나라 치과의사의 차이가 있나요?

편 외국과 우리나라 치과의사의 차이가 있나요?

김 치과의사의 진료 범위는 비슷하지만, 각 나라의 치과대학 교육 수준, 병원 시설 및 의료진의 전문성, 그리고 보험 시스템과 의료 체계의 차이로 인해 환자들이 실제로 받는 치료의 질은 국가별로 다를 수 있습니다. 치과의사가 되는 과정 또한 국가마다 차이가 있습니다. 우리나라의 경우, 치과대학 6년 과정을 이수하고 국가고시에 합격해야 치과의사 면허를 취득할 수 있습니다. 치과대학 교육은 2년간의 기초 의학 교육과 4년간

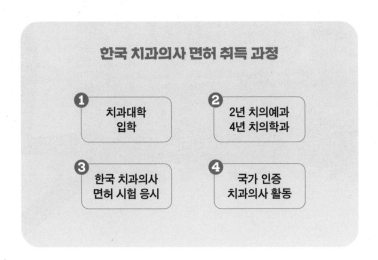

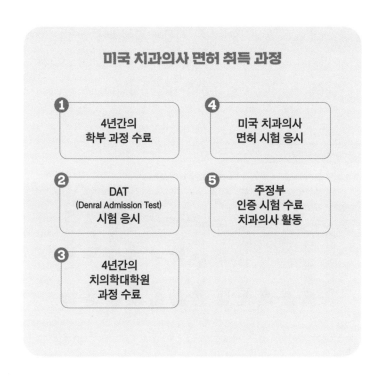

미국 치과의사 면허 취득 과정

① 4년간의
학부 과정 수료

② DAT
(Denral Admission Test)
시험 응시

③ 4년간의
치의학대학원
과정 수료

④ 미국 치과의사
면허 시험 응시

⑤ 주정부
인증 시험 수료
치과의사 활동

의 치의학 전문 교육으로 구성되어 있습니다. 전문의가 되기
위해서는 1년의 인턴 과정과 3년의 레지던트 과정을 거쳐 보
철과, 교정과, 구강악안면외과, 소아치과 등 세부 전공 분야의
전문 자격을 취득할 수 있습니다.

미국에서는 4년제 대학을 졸업한 후, 4년간의 치과대학
원 과정을 이수하고 국가고시 격인 National Board Dental

Examination과 해당 주의 면허 시험에 합격해야 비로소 치과 의사 면허를 취득할 수 있습니다. 세부 전공을 원할 경우, 한국 과 마찬가지로 전문 수련 과정을 거쳐야 합니다.

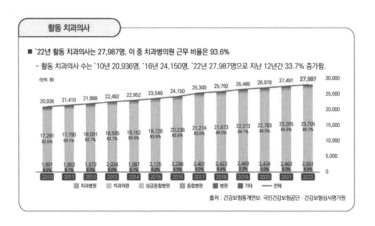

활동 치과의사

■ '22년 활동 치과의사는 27,987명, 이 중 치과병의원 근무 비율은 93.6%

  - 활동 치과의사 수는 '10년 20,936명, '16년 24,150명, '22년 27,987명으로 지난 12년간 33.7% 증가함.

출처 : 건강보험통계연보, 국민건강보험공단 · 건강보험심사평가원

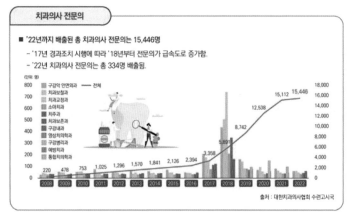

치과의사 전문의

■ '22년까지 배출된 총 치과의사 전문의는 15,446명

  - '17년 경과조치 시행에 따라 '18년부터 전문의가 급속도로 증가함.
  - '22년 치과의사 전문의는 총 334명 배출됨.

출처 : 대한치과의사협회 수련고시국

치과병의원 수

- '22년 치과병원 236개소, 치과의원 18,851개소, 전체 치과병의원 19,087개소
  - '00년 10,652개소에서 '22년 19,087개소로 79.2% 증가하였고, 계속 증가 추세임.

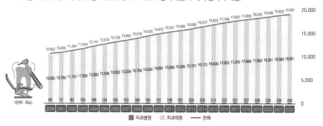

출처 : 건강보험통계연보, 국민건강보험공단 · 건강보험심사평가원

아름다운 미소를 만드는
치과의사

우리나라 치과의사의 수는 어느 정도일까요?

편 우리나라 치과의사의 수는 어느 정도일까요?

김 2022년 기준, 우리나라에는 약 27,987명의 치과의사가 활동하고 있습니다. 이는 전체 인구 5,200만 명을 기준으로 인구 1,000명당 0.52명에 해당하는 수치죠. 2010년 20,936명이었던 치과의사 수는 2022년까지 12년 동안 33.7% 증가했습니다. 또한, 2022년 기준 열한 개 치과 전문과의 전문의 수는 15,446명으로 전체 치과의사의 약 절반이 전문의 자격을 갖추고 있습니다. 한편, 같은 해 기준 우리나라에는 236개의 치과병원과 18,851개의 치과의원이 있어 총 19,087개의 치과 의료기관이 운영되고 있습니다.

⊕ 좌 **입안의 충치**
⊕ 우 **입안의 치석**

치과의사가 주로 사용하는 전문용어가 궁금합니다.

편 치과의사가 주로 사용하는 전문용어가 궁금합니다.

김 치과 진료 시 자주 사용되는 용어, 예를 들어 스케일링, 임플란트 등에 대해 설명해 드릴게요.

일반 치과 용어

- Caries(우식): 충치 또는 치아의 부식을 의미합니다.
- Plaque(치태): 치아 표면에 축적된 박테리아의 얇은 막을 말합니다.
- Calculus(치석): 치아에 단단하게 부착된 치태가 경화된 것입니다.
- Gingivitis(치은염): 잇몸에 염증이 생기는 질환입니다.
- Periodontitis(치주염): 치아 주변 조직에 염증이 생기는 질환으로, 심한 경우 치아 상실을 초래할 수 있습니다.

⊕ 좌 아말감으로 치료한 치아
⊕ 우 세라믹 크라운으로 치료한 치아

치과 치료 용어

• Endodontic Treatment(근관 치료): 치아 내부의 신경 및 조직을 치료하는 분야입니다.

⊕ 치아 내부 구조

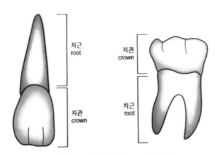

그림 1-10. 치관과 치근(crown and root).

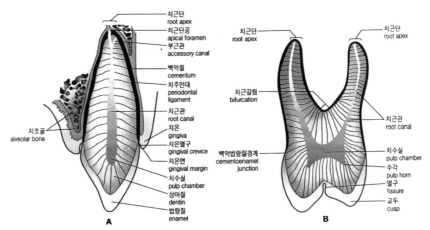

그림 1-11. 전치(A)와 구치(B)의 단면도.

⊕ 치아의 명칭

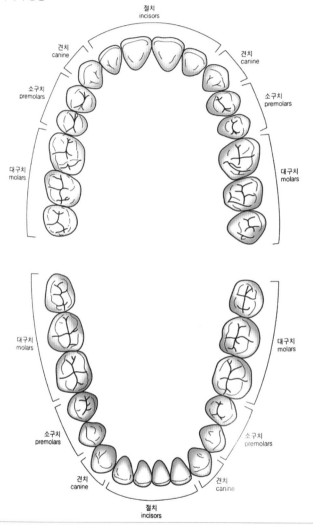

절치
incisors

견치
canine

견치
canine

소구치
premolars

소구치
premolars

대구치
molars

대구치
molars

대구치
molars

대구치
molars

소구치
premolars

소구치
premolars

견치
canine

견치
canine

절치
incisors

- Implant(임플란트): 상실된 치아를 대체하기 위해 치조골에 식립하는 인공 치근과 상부 보철물을 말합니다.
- Periodontics(치주 치료): 잇몸 등의 치주 조직을 치료하는 분야입니다.

치과 재료

- Amalgam(아말감): 충치 치료에 사용되는 금속 합금입니다.
- Composite Resin(복합 레진): 치아 색깔과 유사한 충전재로 충치를 제거한 후 치아 수복에 사용됩니다.
- Ceramic(세라믹): 크라운이나 브리지 등 보철물 제작에 사용됩니다.

치아 구조

- Enamel(법랑질): 치아의 가장 바깥층 표면을 말합니다.
- Dentin(상아질): 법랑질 하부에 있는 조직입니다.
- Pulp(치수): 치아의 중심부에 있는 신경조직입니다.

⊕ 브래킷과 와이어

치아의 명칭

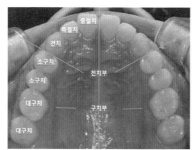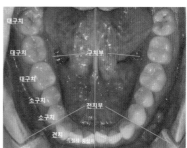

치과 기구 및 장비

- Scaler(스케일러): 치석을 제거하는 도구입니다.
- Curette(큐렛): 잇몸 아래의 치석을 제거하는 도구입니다.
- Handpiece(핸드피스): 드릴과 같은 회전 도구입니다.

교정 치료 용어

- Bracket(교정 장치): 치아를 이동시키기 위해 치아 표면에 부착되는 장치입니다.
- Retainer(유지 장치): 교정 후 치아의 위치를 유지하기 위해 사용하는 장치입니다.
- Clear Aligner(투명 교정 장치): 투명한 플라스틱으로 된 교정 장치입니다.

치과의사의 일과를 알려주세요.

편 치과의사의 일과를 알려주세요.

김 보통 치과 의사는 출근 후, 예약된 환자들의 의료 기록을 검토하고 필요한 치료 도구와 재료를 준비하며 진료를 시작합니다. 환자와 상담하고, 구강 검진을 통해 진단하며, 적절한 치료 계획을 수립하여 시행하죠. 진료 후에는 당일 진료 기록을 정리하고, 다음 진료에 필요한 준비를 미리 합니다. 예를 들어, 기공물 의뢰를 하거나 다음 환자의 X-ray를 판독하여 치료 계획을 세울 수 있습니다. 저는 치과병원에서 근무하면서 치과 대학 학생, 인턴, 레지던트를 교육하는 일도 함께하고 있습니다. 가장 바쁜 날을 예로 들면, 시간대별 스케줄은 다음과 같습니다.

06:00	기상 후 출근 준비
07:00	병원 출근
07:30	콘퍼런스 참석

09:00	오전 진료 시작
12:00	점심시간 및 병원 회의 참석
13:30	치과대학 학부 수업
15:30	오후 진료
17:00	내원 환자 진료 기록 재확인 및 기공물 의뢰
18:00	레지던트 전공의 교육, 다음 날 환자 진료 기록 확인 및 진료 준비
19:00	병원 퇴근

 저희 병원은 수요일 야간진료를 시행하고 있는데, 제가 야간 당번일 경우 진료가 오후 8시까지 이어지기도 합니다. 진료 후에는 치과 분과학회 회의에 참석하거나, 병원 동료들과 친목을 다지거나, 타 대학에서 강의를 하는 등 바쁜 일정을 소화하고 있죠.

이 직업의 가장 큰 매력은 무엇인가요?

편 이 직업의 가장 큰 매력은 무엇인가요?

김 치과 진료를 통해 환자들이 자신 있게 웃을 수 있도록 하는 것이 치과의사로서 가장 큰 보람이라고 생각해요. 일반적으로 치과 치료는 씹는 기능 회복에 중점을 두지만, 단순히 기능적인 측면과 아울러 심미적인 부분 또한 매우 중요하게 여겨지는 치료 분야죠.

교정 전

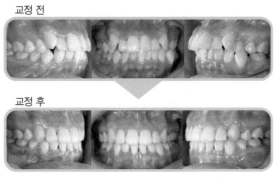

교정 후

⊕ 교정 치료 전후

예를 들어, 신체의 다른 부위 수술 시에는 기능 회복을 우선시하는 경우가 많습니다. 하지만 치아는 얼굴의 중심에 위치하여 심미적인 영향이 매우 크기 때문에, 치과 치료는 단순히 기능 회복뿐만 아니라 심미적인 만족도를 높이는 데에도 초점을 맞추죠. 치료를 통해 환자들이 자신감을 되찾고 활짝 웃는 모습을 보면 치과의사로서 큰 보람을 느껴요. 실제로 치과보존학 교과서의 제목이 『Art and Science』인 것처럼, 치의학은 과

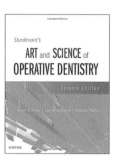

⊕ 『Art and Science』, Mosby Elsevier Health Science

학적인 지식과 예술적인 감각이 조화를 이루는 학문이에요.

　그리고 다른 직종에 비해 치과의사는 동문 간의 유대감이 매우 깊은 편입니다. 대부분의 동문이 비슷한 분야에서 일하며 끈끈한 네트워크를 형성하고 있어, 동료 의식이 강하고 서로를 격려하며 성장해 나갈 수 있다는 점이 큰 매력이라고 생각해요.

　물론, 전문성을 바탕으로 경제적인 보상을 받는다는 점 또한 치과의사라는 직업의 큰 매력이라고 할 수 있습니다. 아무리 일에 대한 보람이 크더라도, 적절한 경제적 보상이 따라주지 않는다면 직업에 대한 만족도가 떨어질 수 있기 때문이죠. 다만, 대학병원 교수로서 일반 개원의와 비교했을 때 경제적인 수준에서 차이가 있다는 점은 고려해야 합니다.

⊕ 대한치과교정학회 전공의 학술대회 참석

　저는 대학생과 레지던트 친구들과 함께 진료하며 늘 젊은 기운을 받고 에너지를 충전하고 있습니다. 또한, 다른 교수님들과 함께 생활하며 끊임없이 배우는 기회를 얻고 있어 대학병원에서 근무하는 것이 매우 만족스럽습니다.

일을 그만두고 싶었던 적이 있나요?

편 일을 그만두고 싶었던 적이 있나요?

김 어렸을 때부터 꿈꿔왔던 직업이었기에 지금까지 일을 그만두고 싶었던 적은 없었어요. 다만, 치과의사라는 직업의 특성상 오랜 시간 한 자세로 진료하다 보면 목, 어깨, 허리 등에 무리가 가고 눈의 피로도가 심해지는 경우가 많죠.

진료 외에도 기공 작업, 교육 등 해야 할 일이 많아 진료가 끝났다고 해서 업무가 끝나는 것은 아니에요. 치과 재료와 장비가 빠르게 발전하면서 끊임없이 공부해야 한다는 점도 부담으로 작용할 때가 있죠. 하지만 환자들이 만족해하고 감사를 표현할 때, 그리고 제가 성장하는 모습을 볼 때 큰 보람을 느끼며 다시 한번 힘을 내곤 합니다.

직업병이 있나요?

편 직업병이 있나요?

김 보통 사람들이 다른 사람을 처음 만날 때 눈을 가장 먼저 보는 것과 달리, 저는 상대방의 치아에 시선이 자연스럽게 갑니다. 앞니가 가지런한지, 위아래 치아가 잘 맞물리는지, 웃을 때 어떤 모습인지 유심히 살펴보는 버릇이 있죠. 아이들을 볼 때는 주걱턱이나 무턱인 경우 부모님의 얼굴을 살펴보며 유전적인 요인을 확인하기도 하고요.

그리고 이쑤시개를 사용하는 분들을 보면 치실 사용을 권하고, 아이들이 킥보드를 타거나 놀 때는 항상 치아 부상에 대한 걱정을 놓지 못합니다. 특히 아이들이 넘어져 다치면 상처보다 치아 상태를 먼저 확인하고, 상처가 깊게 베어서 피가 나고 있는데도 치아에 이상이 없으면 아이에게 "상처는 아물면 괜찮아."라고 설명하기도 해요. 저에게 치아는 무엇보다 중요한 부분이기 때문이죠.

스트레스는 어떻게 해소하세요?

편 스트레스는 어떻게 해소하세요?

김 사실 저는 스트레스에 강한 편이라 병원에서 발생한 문제들은 대부분 당일에 해결하려고 노력해요. 하지만 풀리지 않는 부분이 있다면 집에 와서 야구 경기를 보며 스트레스를 푸는 편이죠. 어렸을 때부터 야구를 좋아했고, 야구의 도시 부산에서 태어나 고등학교까지 부산에서 생활했어요. 제가 졸업한 고등학교와 사직운동장이 가까운 곳에 있어서 그런지 롯데자이언츠의 오래된 팬이에요. 스트레스를 받을 때 주말에 야구 경기장에 가서 큰 목소리로 응원하고 오면 스트레스가 확 날아가곤 했는데, 요즘 롯데자이언츠의 성적이 부진해서 스트레스가 더해지는 날이 많아졌죠.^^

그리고 아이들이 아직 어려서 주말에는 가족과 함께 근교로 소풍이나 여행을 자주 다녀요. 아이들과 함께하는 여행은 저에게 큰 즐거움을 주고, 아이들의 웃음소리는 언제나 저를 행복하게 만들어주죠.

롯데자이언츠 야구장에서

롯데만세

아름다운 미소를 만드는
치과의사

치과의사의 직업을 잘 묘사한 작품이 있나요?

(편) 치과의사의 직업을 잘 묘사한 작품이 있나요?

(김) 의학 드라마는 매우 많지만, 치과의사의 일상을 다룬 작품은 의외로 적은 것 같아요. 과거에는 치과의사를 부정적으로 묘사하는 작품도 많아서, 치과의사에 대한 인식이 부정적인 이유가 있을까 고민한 적도 있었죠. 최근에는 〈슬기로운 의사 생활〉처럼 의료 현장의 인간적인 모습을 잘 그려낸 드라마가 인기를 얻고 있어요. 특히 의국 생활과 환자와의 관계를 섬세하게 묘사해서 더욱 공감이 갔죠. 시즌 3 제작 확정 소식에 저도 기대하고 있어요.

치과의사가 주인공인 작품 세 편을 소개해 드릴게요.

• 드라마 〈갯마을 차차차〉

현실주의 치과의사 윤혜진과 만능 백수 홍반장이 짠내와 사람 내음 가득한 바다마을 '공진'에서 벌이는 티키타카 힐링 로맨스예요. 특히 정의로운 완벽주의자 윤혜진의 매력이 돋보여 정말 재미있게 봤어요. 이 드라마는 엄정화와 (고) 김주혁 주연의 〈어디선가 누군가에 무슨 일이 생기면 틀림없이 나타난다 홍반장〉을 원작으로 재구성한 작품이에요. 하지만 1회에서 윤혜진이 과잉 진료를 비판하고 치과를 그만두는 장면은, 모든 치과가 그렇다는 오해를 불러일으킬 수 있어 치과의사로서 아쉬움이 남았습니다.

• 영화 〈뉴저지의 미소 Eversmile, New Jersey〉

이 영화는 중남미 등 외지를 돌아다니며 치과 봉사를 하는 퍼거스 오코넬 박사가 한 마을에서 소녀 에스테르가를 만나 함께 의료 여행을 떠나면서 벌어지는 이야기를 담고 있어요. 동료 의사의 모함으로 면허를 잃고 의료 활동에 어려움을 겪게 되지만, 에스테르가와 함께 고난을 헤쳐 나가는 감동적인 모습을 보여주죠.

• 영화 〈레인 오버 미 Reign Over Me〉

아담 샌들러가 연기한 찰리 파인맨은 한때 성공한 치과의사였지만, 9.11 테러 이후 세상과 단절하고 폐인처럼 살아가는 인물이에요. 돈 치들이 연기한 앨런 존슨은 대학 시절 룸메이트였던 찰리를 우연히 만나고, 그를 돕기 위해 다가가죠. 영화는 두 사람이 서로의 상처를 보듬고, 닫혀 있던 마음을 열어가면서 인간적인 성장을 이루는 과정을 따뜻하게 그려냅니다.

이 직업의 미래는 어떻게 될까요?

편 이 직업의 미래는 어떻게 될까요?

김 치아는 개인마다 개수, 형태, 교합 상태, 치주 조직 상태가 다르기 때문에, 같은 치료를 하더라도 치료 결과가 달라질 수 있어요. 특히, 사랑니를 제외하고도 스물여덟 개라는 많은 수의 치아를 다루다 보니 더욱 그렇죠. 하지만 최근 축적된 방대한 치료 데이터와 인공지능 기술을 활용하면, 환자 개개인에게 최적화된 치료 계획을 세울 수 있게 되었어요. 즉, 환자의 검사 결과에 따라 맞춤형 치료 장치나 보철물을 CAD-CAM 기술로 제작하여 3D 프린팅하고, 치과 의사는 이를 활용하여 치료를 진행하고 결과를 평가하는 역할을 수행하게 될 거예요.

우리는 컴퓨터를 기반으로 한 생산 방식의 혁신을 겪고 있으며, 인공지능, 빅데이터, 로봇 기술이 모든 산업 분야에 빠르게 도입되고 있어요. 치과 분야 역시 예외는 아니죠. 이러한 혁신적인 기술을 얼마나 잘 활용하고 숙달하여 치료에 적용하는가가 미래 치과의사의 중요한 역할이 될 거예요. 최근 미래 치과 기술은 몇 가지 주요 키워드로 설명될 수 있어요. 자세히 말씀드리면,

첫째, 재생 치과Regenerative Dentistry입니다. 줄기세포Stem Cells

를 이용하여 손상된 치아 조직을 재생하는 연구가 활발히 진행되고 있습니다. 또한, 치아 재생을 촉진하는 바이오 소재 Biomaterials 개발도 활발하여, 기존의 치료 방법을 대체하고 더욱 효과적인 치료가 가능해질 것으로 기대됩니다.

둘째, 증강현실Augmented Reality, AR을 활용한 훈련은 치과 학생과 레지던트들이 복잡한 치료 과정을 더욱 효과적으로 학습할 수 있도록 상호작용적인 학습 환경을 제공합니다.

셋째, 디지털 워크플로Digital Workflows 도입으로 3D 프린팅 기술을 활용하여 치아 모델, 크라운, 브리지 등을 정확하게 제작할 수 있게 되었습니다. CAD/CAM 시스템은 이러한 과정을 자동화하여 구강 보철물 설계 및 제작 과정을 간소화하고 있으며, 구강 스캐너Intraoral Scanners는 환자 구강을 정밀하게 디지털화하여 치료의 정확도를 높이는데 기여하고 있습니다.

마지막으로, 원격 치과 진료Teledentistry는 시간과 공간의 제약 없이 치과 진료를 받을 수 있도록 하여, 의료 취약 지역 주민들에게 양질의 치과 서비스를 제공합니다. 원격 상담을 통해 초기 진단과 치료 관리를 지원하고, 원격 치과 플랫폼을 활용하여 환자의 상태를 지속적으로 모니터링하며 비대면 후속 관리를 제공하는 방안이 활발히 연구되고 있습니다.

치과의사가
되는 방법

치과의사가 되는 방법을 알려주세요.

㊠ 치과의사가 되는 방법을 알려주세요.

㊎ 한국에서 치과의사가 되는 방법은 크게 세 가지입니다. 전국에는 열한 개의 치과대학(서울대학교, 경희대학교, 연세대학교, 조선대학교, 경북대학교, 부산대학교, 전남대학교, 전북대학교, 원광대학교, 단국대학교, 강릉원주대학교)이 있으며, 이 중 고등학교 졸업생이 지원할 수 있는 치과대학은 여덟 곳입니다. 경희대학교, 연세대학교, 경북대학교, 전북대학교, 원광대학교, 조선대학교, 강릉원주대학교는 치의예과 2년, 치의학과 4년의 6년제 과정으로 운영됩니다. 반면 서울대학교, 전남대학교, 부산대학교는 치의학전문대학원을 함께 운영하여 고등학교 졸업생의 모집 인원이 전체의 절반으로 제한됩니다.

다음은 치의학전문대학원 진학인데, 4년제 대학 졸업 예정자는 서울대학교, 전남대학교, 부산대학교의 치의학전문대학원에 진학할 수 있으며, 정규대학 4년 과정과 치의학전문대학원 4년 과정을 모두 이수해야 합니다. 치과대학 또는 치의학전문대학원의 정규 교육과정을 성공적으로 마친 학생은 치과의사 국가고시에 응시할 수 있습니다. 국가고시는 실기와 필기시험으로 구성되며, 전 과목 총점의 60% 이상, 각 과목 40%

이상을 득점하여 합격하면 보건복지부 장관으로부터 치과의사 면허를 받을 수 있습니다.

마지막으로 외국의 치과대학을 졸업한 경우, 한국 보건복지부 장관이 인정한 대학 졸업자만 한국의 치과의사 예비시험에 응시할 수 있으며, 예비시험에 합격하면 국내 치과대학 졸업생과 동일하게 치과의사 국가고시를 치릅니다. 국가고시에 합격하면 보건복지부로부터 치과의사 면허를 발급받아 국내에서 치과의사로 활동할 수 있습니다.

편 꼭 치과대학을 졸업해야 하나요?

김 네. 치과의사가 되기 위해서는 치과대학을 졸업하고 치과의사 국가고시에 합격해야 합니다. 마치 초등학교 선생님이 되려면 교육대학교를 졸업하고 임용고시에 합격해야 하고, 의사가 되려면 의과대학을 졸업하고 의사 국가고시에 합격해야 하는 것과 같죠.

치과대학의 학제가 궁금합니다.

편 치과대학의 학제가 궁금합니다.

김 현재 경희대학교는 치과대학으로 학제가 운영되고 있지만, 제가 입학할 당시에는 치의학전문대학원으로 학제가 운영되고 있어서 4년제 대학 졸업 후 4년의 치의학전문대학원 과정을 추가로 이수했어요. 10년 전만 해도 치과대학 학제가 대학마다 달랐지만, 현재는 서울대학교, 부산대학교, 전남대학교는 7년제 학·석사 통합 과정으로 운영되고 있고, 나머지 여덟 개 치과대학은 6년제로 운영되고 있습니다.

치과 대학별로 과목명은 조금씩 차이가 있지만, 거의 대동소이한 교과과정으로 치과의사가 되기 위한 기초 및 임상 과목을 이수하게 됩니다.

1. 학부 과정(전문 학사 과정)

• 기간   보통 6년(예과 2년+본과 4년), 서울대학교, 전남대학교, 부산대학교 학·석사 통합 과정으로 3년+4년

• 내용   기초 의학, 치의학의 기초 이론, 임상 실습 등

• 목표   치의학의 기본 개념을 이해하고, 기초적인 임상 기술을 익히는 과정입니다.

경희대학교 치과대학 치의학과 교과과정

구분	치의학과			
	1학년 1학기	**1학년 2학기**	**2학년 1학기**	**2학년 2학기**
전공선택	조직학(2)	독립심화학습1(치의학과)(2)	독립심화학습2(치의학과)(2)	독립심화학습3(치의학과)(2)
전공필수	치과재료학 및 실습(2) 머리목해부학 및 실습(3) 구강미생물학(2) 기초약리학(2) 구강생화학(2) 구강발생과 예방(2) 치아형태학 및 실습(2) 조직학 및 실습(4) 생리학2(2)	일반약리학(2) 면역학(1) 치과재료학(2) 일반병리학 및 실습(2) 사랑병부실습(2) 예방치과학(1) 치아우식론(1) 치과보존학개론(1) 기초치주학(1) 두개악안면성장발육론(2) 턱기능교합학 및 실습(2) 방사선물리학(1) 고정성보철학(1)	구강병리학 및 실습(4) 치과보존학 및 실습(2) 기초근관치료학(2) 치주질환의 이해(1) 치아형태론(1) 주조수복학실습(1) 구강내과학(2) 구강진단학(1) 소아치과학(2) 총의치학1(0.5) 총의치학실습(1) 가철성국소의치학 및 실습1(2) 디지털방사선학 및 촬영술(1) 일반내과학(1)	심미치과보존학 및 실습(2) 근관치료학 및 실습(2) 치주질환의 치료(1) 임상교정장치학 및 실습(2) 방사선진단학 및 악안면부영상진단(1) 소아치과학 및 실습(2) 구강종합학 및 재건학(2) 치과교정진단학 및 실습(2) 총의치학2(1) 총의치학실습(2) 가철성국소의치학 및 실습2(1) 심화소아치과(1) 치과마취학(1) 임상구강내과학(1) 자격증(치의학과)(P/N)

구분				
	3학년 1학기	**3학년 2학기**	**4학년 1학기**	**4학년 2학기**
전공선택	독립심화학습4(치의학과)(2)			
전공필수	치과보존학임상실습1(2) 치과보철임상실습1(2) 치주과학임상실습1(2) 소아치과학임상실습1(2) 구강내과학임상실습1(1) 구강외과학임상실습1(1) 영상치의학임상실습1(1) 치과교정학임상실습1(1) 공중구강보건학(1) 임상근관치료학(1) 치주임플란트학(1) 질환별 영상진단(1) 임상 소아치과학(1) 치과교정치료학(1) 악안면외과학(1) 임상술기집중 교육 및 평가1(1)	치과의료윤리(1) 불안통증관리(1) 환자중심 면담과 진료(1) 장애인치과학(1) 임상적시고론선(2) 악안면생외과학(2) 치과보존학임상실습2(2) 치과보철학임상실습2(2) 치주과학임상실습2(2) 소아치과학임상실습2(2) 구강내과학임상실습2(2) 구강외과학임상실습2(2) 영상치의학임상실습2(1) 치과교정학임상실습2(1) 강능치과병원임상실습1(1)	보험과의료전달체계(1) 의원경영(1) 임상구강병리학(1.5) 치과임플란트학(1) 임상치과교정학 및 실습(2) 노인치과학(1) 임상가철성의치학(1) 치과보존학임상실습3(2) 치과보철학임상실습3(2) 치주과학임상실습3(2) 소아치과학임상실습3(2) 구강내과학임상실습3(1) 구강외과학임상실습3(1) 영상치의학임상실습3(1) 치과교정학임상실습3(1) 강능치과병원임상실습2(1)	자율선택실습(2) 보건의료관련법규(2) 임상술기집중교육 및 평가2(2) 임상치과세미나(1) 기초치의학특강1(1) 기초치의학특강2(1) 법치의학(1) 임상수두마약장애(1) 치과보존학임상실습4(1) 치과보철학임상실습4(1) 치주과학임상실습4(1) 소아치과학임상실습4(1) 구강내과학임상실습4(0.5) 영상치의학임상실습4(0.5) 치과교정학임상실습4(1) 강능치과병원임상실습3(0.5) 졸업논문(치의학과)(P/N) 리더십과사회적책무실천(치의학과)(P/N)

출처: 경희대학교 치과대학 홈페이지

2. 임상 실습^{Clinical Training}

- 기간   학부 과정 중 일부 (보통 치의학과 3~4학년)
- 내용   실제 환자를 대상으로 실습하며 임상 경험을 쌓습니다.
- 목표   실제 임상 상황에서 치과 치료를 수행할 수 있는 능력을 갖추는 과정입니다.

3. 졸업 및 국가 시험 준비

- 내용   졸업 후 치과의사 국가 시험 준비 및 시험 응시
- 목표   치과의사 면허를 취득하여 전문적인 진료를 수행할 수 있는 자격을 갖추는 과정입니다.

학창 시절에 노력을 기울여야 하는 과목이 있나요?

편 학창 시절에 노력을 기울여야 하는 과목이 있나요?

김 치과대학의 기초교과목은 일반생물학, 일반화학, 분자세포생물학, 유기화학, 생화학 등으로 구성되어 있어요. 따라서 학창 시절 생물학과 화학을 충분히 학습하지 않으면 학부 과정을 따라가기 어려울 수 있습니다.

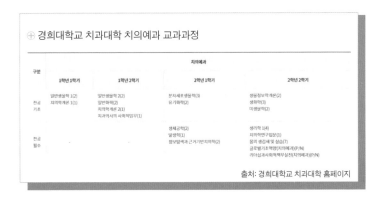

⊕ 경희대학교 치과대학 치의예과 교과과정

구분	치의예과			
	1학년 1학기	1학년 2학기	2학년 1학기	2학년 2학기
전공 기초	일반생물학 1(2) 치의학개론 1(1)	일반생물학 2(2) 일반화학(2) 치의학개론 2(1) 치과역사의 사회책임무(1)	분자세포생물학(3) 유기화학(2)	생물정보학개론(2) 생화학(3) 미생물학(2)
전공 필수			생체공학(2) 발생학(1) 정보탐색과 근거기반 치의학(2)	생리학 1(4) 치의학연구입문(1) 몸의 생리새 및 실습(2) 글로벌기초역량[치의예과](P/N) 리더십교사회적책복부실천[치의예과](P/N)

출처: 경희대학교 치과대학 홈페이지

치과 재료의 물성을 이해하려면 물리학과 화학에 대한 탄탄한 기초가 필수적입니다. 또한, 최근에는 생물정보학, 정보탐색, 근거기반 치의학 등이 중요해지면서 수학과 컴퓨터 관련 지식도 요구되고요. 대부분의 교재와 논문이 영어로 작성되기 때문에 영어 능력 또한 필수적입니다.

어떤 성향의 사람이 이 직업과 잘 맞을까요?

편 어떤 성향의 사람이 이 직업과 잘 맞을까요? 어떤 자질을 갖추어야 할까요?

김 요즘에는 성향을 설명할 때 MBTI로 설명하는 경우가 많죠. 저는 MBTI 검사 결과 ESFJ와 ISFJ가 비슷하게 나와서, 사회화된 ISFJ에 가깝다고 생각해요. 저희 과 교수님들 대부분은 ESFJ, ISFJ 그리고 ESTJ 유형인 것 같고요. 한 연구에 따르면 의료 관련 종사자들에게 ISTJ, ISFJ, ISFP, ESFP, ESFJ 유형이 많이 나타난다고 해요. 이는 해당 유형들이 의료 분야에 적합하다는 것을 시사하죠. 1학년 치과대학생들을 대상으로 실시한 MBTI 설문 조사 결과에서는 ISTJ 유형이 가장 많았어요.

ISTJ 유형은 실제 사실을 정확하고 체계적으로 기억하며, 일 처리에 신중하고 책임감 있게 임하는 성격이에요. 강한 집중력과 현실 감각을 바탕으로 조직적이고 침착하게 일을 처리하며, 과거의 경험을 바탕으로 문제를 해결하는 능력이 뛰어나죠. 또한, 반복되는 일에 대한 인내심이 강하고 규칙을 잘 지키는 특징을 보이고요. 실제로 ISTJ 유형은 대한민국 수능 성적 상위권에 큰 비중을 차지하는 것으로 나타났어요.

MBTI 검사 결과가 절대적인 기준은 아니지만, '현실에 대해 정확하고 체계적으로 기억하고, 일을 신중하고 책임감 있게 처리하며, 강한 집중력과 현실 감각을 지니고, 조직적이며 침착한' 성격은 치과의사에게도 필요한 부분이지 않을까 생각돼요.

치과의사는 구강 내를 세밀하게 살펴 치료해야 하므로 뛰어난 손재주와 꼼꼼함이 필요해요. 또한, 환자와의 소통을 통해 불안감을 해소하고 공감하는 자세가 중요하며, 지속적인 학습을 통해 최신 의료 지식을 습득하려는 학구적인 자세도 필수적이죠. 나아가 환자의 구강 건강에 대한 책임감을 가지고 사회에 기여하려는 마음가짐을 갖춘 사람이 이상적인 치과의사라고 할 수 있어요.

청소년기에 어떤 노력을 하면 좋을까요?

🔴 청소년기에 어떤 노력을 하면 좋을까요?

🔵 요즘 의대 입시가 큰 화두인데요, 현재 국내에는 마흔 개의 의과대학이 있으며, 2024학년도 기준으로 약 3,000명의 신입생을 선발했습니다. 2025학년도에는 정원이 2,000명 증가하여 총 5,000명에 달할 예정이고요. 반면, 치과대학의 경우 올해 부산대학교 치과대학이 학부 신입생 모집을 중단하면서 열 개 대학에서 총 590명만 선발하게 되었습니다. 이는 의과대학 선발 인원의 약 10%에 불과하죠. 약학대학은 국내에 서른일곱 개가 있으며, 전체 입학 정원은 약 1,700명으로 치과대학의 세 배 정도입니다.

우리나라에서 치과대학에 입학할 수 있는 인원이 590여 명으로 제한되어 있어, 치과대학 입시 경쟁이 매우 치열한 것이 현실입니다. 치과의사의 꿈을 꾸는 학생이라면, 명확한 목표 대학을 설정하고 체계적인 학습 계획을 세워 꾸준히 실천하는 것이 무엇보다 중요해요. 특히 인체와 관련된 학문인 만큼 생물학, 화학 등 관련 과목에 대한 깊은 이해가 필요하며, 관련 서적을 읽거나 다큐멘터리를 시청하는 등 꾸준히 학습하는 자세가 도움이 될 거예요.

요즘 중고등학생들은 대학 진학을 위해 일정 시간 봉사활동을 해야 하는데요. 기회가 된다면 병원이나 무의촌 지역에서 봉사활동을 하며 의료 환경을 경험해 보는 것은 매우 의미 있는 일이에요. 특히, 아직도 많은 무의촌 지역 주민들이 제대로 된 구강 관리를 받지 못하고 있어, 치과의사로서의 사회적 책무에 대해서도 많은 생각을 할 기회가 될 것으로 생각해요.

이 모든 목표를 달성하기 위해서는 무엇보다 건강이 중요합니다. 많은 학생이 공부에만 매달려 건강을 해치는 경우가 많지만, 건강한 몸으로 공부해야 집중력을 유지하고 장기적인 학습 목표를 달성할 수 있어요. 규칙적인 생활 습관을 유지하고 건강 관리에 신경 쓰는 것이 중요하죠. 무엇보다도, 밥은 거르지 맙시다. 여러분!!

청소년에게 도움이 되는
책이나 영화 등을 추천해 주세요.

편 청소년에게 도움이 되는 책이나 영화 등을 추천해 주세요.

김 제가 어렸을 때 가장 많이 봤던 영화는 〈죽은 시인의 사회〉입니다. 당시에는 대사를 외워가며 공책 곳곳에 'Carpe diem'을 적어놓을 정도로 좋아했어요. 이 영화는 미국의 명문 입시 고등학교인 웰튼 아카데미에 졸업생인 존 키팅 선생님이 부임하면서 시작됩니다. 딱딱한 주입식 교육에서 벗어나 파격적인 방식으로 학생들을 가르치는 키팅 선생님 덕분에, 아이비리그 진학을 목표로 했던 학생들은 처음에는 혼란을 느낍니다. 특히, 국어 수업을 밖에서 진행하는 등 파격적인 수업방식은 학생들을 더욱 당황하게 했죠. 하지만 시간이 지나면서 학생들은 존 키팅 선생님의 수업에 점점 흥미를 느끼게 됩니다.

"내가 왜 여기 서 있을까?
내가 책상 위에 올라선 것은 우리가 사물을
다른 방법으로 볼 필요가 있기 때문이야.
이 위에서 세상은 다르게 보이지.
너희가 다 아는 것 같아도

다른 방법으로 볼 필요가 있어.

글을 읽을 때도 작가의 의도만 생각하지는 마.

네 생각을 중요시해야 해.

스스로 목소리를 찾으려고 노력해야 해."

- 존 키팅 대사 중 -

존 키팅 선생님의 가르침 덕분에 아이들은 점점 용기를 내어 공부보다 중요한 인생의 의미를 하나씩 깨닫고, 자신의 의지를 키워가며 새로운 도전을 시작하게 됩니다. 강압적인 아버지 때문에 공부하던 닐은 연극 〈한여름 밤의 꿈〉 오디션에서 주연을 차지하게 되고, 내성적이고 소극적인 토드 또한 자신의 목소리를 낼 수 있을 만큼 성장한 모습을 보여주죠.

하지만 다른 어른들과 선생님들은 이러한 변화를 시간 낭비와 반항으로 단정 짓고, 이 책임을 존 키팅 선생님에게 전가하게 됩니다. 결국 아버지와의 갈등으로 자살이라는 비극적인 선택을 한 닐 때문에 존 키팅 선생님은 학교를 떠나게 되고, 마지막으로 교실을 떠날 때 학생들이 책상 위에 올라가는 모습은 깊은 여운을 남깁니다.

미국을 배경으로 한 다소 오래된 영화이지만, 영화 속 이야기는 현실과 여전히 깊은 공감대를 형성합니다. 주입식 교육과 획일화된 사고를 벗어나 자유로운 사고와 표현의 중요성을 일깨워 주는 이 영화는 교육의 본질, 인생의 방향성 등 시대와 국경을 초월하는 보편적인 가지를 담고 있죠. 저는 감히 이 영화를 걸작이라고 말하고 싶습니다. 요즘 자기주도적 사고의 중요성이 강조되면서 많이 회자되는 영화이긴 하지만, 아직 보지 못한 학생들에게 강력히 추천하고 싶습니다.

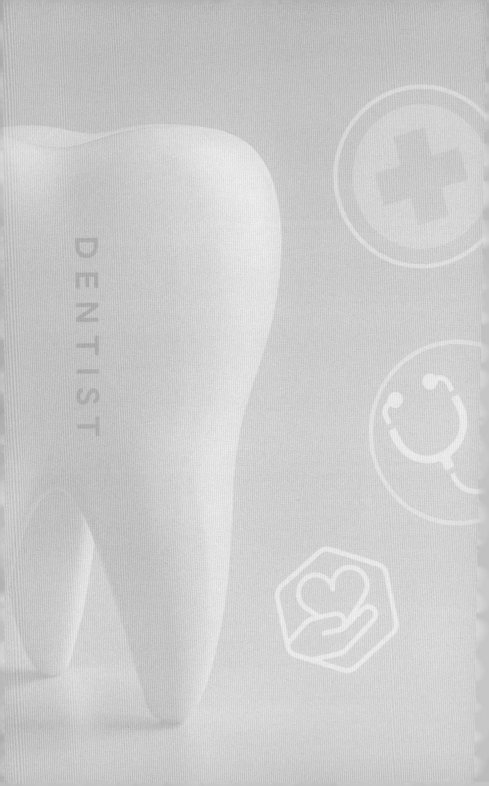

치과의사가
되면

치과의사를 꿈꿨을 때와 치과의사가 되고 난 후 달라진 점은 무엇인가요?

편 치과의사를 꿈꿨을 때와 치과의사가 되고 난 후 달라진 점은 무엇인가요?

김 글쎄요. 사실 치과대학에 입학하고 나면 정해진 교육과정을 성실히 이수하면 치과의사 국가고시를 볼 수 있는 자격이 주어지기 때문에, 치과의사가 된 직후에는 큰 변화를 느끼기 어려웠던 것 같아요. 오히려 제 전공인 교정과 레지던트로 선발되고, 교수로 임용되었을 때 더 큰 만족감과 희열을 느꼈죠.

전문적인, 내 전공이 있는 치과의사를 꿈꾸며 치의학 분야 중 교정학에 매력을 느껴 교정과를 지원했지만, 교정과의 경쟁이 너무 높아서 합격할 수 있을지 걱정하며 인턴 과정을 보냈어요. 다행히 인턴 생활 동안 최선을 다한 결과, 꿈에 그리던 교정과 레지던트 과정에 합격할 수 있었죠. 그리고 아직 부족한 점이 많다고 생각해 학교에 남아 조금 더 공부를 해보자고 했던 것이 아직 교정학을 배우고 연구하는 이유입니다.

어느 대학교나 마찬가지겠지만 경희대학교 교수 임용 경쟁이 치열해 교수로 임용되는 순간은 꿈을 이룬 듯했어요. 치과의사이자 교수가 되자 부모님의 인정과 치과대학 선후배 동문

⊕ 스승의 날, 지도 학생들의 마음의 편지

의 격려와 지지를 받으며 큰 행복을 느꼈고요. 만약 레지던트 수련 후 바로 개원했더라면 이런 진심 어린 응원과 지지는 받지 못했을 거로 생각해요.

업무에 숙련되기까지 얼마나 걸리나요?

편 업무에 숙련되기까지 얼마나 걸리나요?

김 "공부를 잘하려면 얼마나 걸리나요?"라는 질문처럼, 업무 숙련도는 개인의 노력과 목표에 따라 달라져 정확한 기간을 얘기하기 어려워요. 일반적으로 치과의사가 되기 위해서는 치과대학 학제에 따라 다르지만, 고등학교 졸업 후 평균 6~7년이 소요됩니다. 여기에 전문의가 되기 위한 인턴 1년, 레지던트 3년을 더하면 최소 10년 이상의 교육과정을 거쳐야 하죠. 즉, 'ㅇㅇㅇ 치과교정과 치과의원'과 같은 간판을 내걸고 진료하는 치과의사는 10년 이상 치의학을 깊이 연구한 전문가라고 보면 될 것 같아요.

⊕ 환자에게 적용할 아치 와이어 제작

대학병원 의사의 직급 체계는 어떻게 되나요?

편 대학병원 의사의 직급 체계는 어떻게 되나요?

김 병원 홈페이지를 보면 일반의, 전공의, 전문의, 박사 등 비슷해 보이는 다양한 의료진 직급을 확인할 수 있습니다. 특히 원장님 약력에는 임상교수, 전임의, 펠로우, 전임교수 등 더욱 세분된 직급이 표기되어 있어 혼란스러울 수 있어요. 회사의 대리, 과장, 부장처럼 병원에서도 의사의 경력과 역할에 따라 다양한 직급이 있으며, 병원마다 호칭에 약간의 차이가 있을 수 있습니다.

• 전공의(인턴, 레지던트)

전공의는 의과대학이나 치과대학을 졸업하고 의사 또는 치과의사 면허를 취득한 후, 1년의 인턴 과정을 거쳐 특정 진료과에서 3~4년간 전문적인 수련을 받는 의사를 통칭합니다.

• 전임의, 펠로우

레지던트 과정을 마치고 전문의 자격을 취득한 후 대학병원에서 추가적인 수련을 받는 의사를 전임의 또는 펠로우라고 합니다. 두 용어는 거의 동일한 의미로 사용됩니다.

• 임상교수

임상교수는 대학병원에서 전임의 또는 펠로우 과정을 거쳐 풍부한 임상 경험을 쌓고, 레지던트 교육에 전념하는 교수를 의미합니다. 일반적으로 의과대학과 치과대학의 경우, 학교와 병원이 분리 운영되기 때문에 임상교수는 주로 병원 소속으로 근무하며 환자 진료 및 후학 양성에 힘씁니다.

• 교수

임상교수는 각 대학이 요구하는 학위 기준과 연구·교육 실적을 충족하면 학교와 병원의 공동 임용 교수가 될 수 있습니다. 이후 조교수, 부교수를 거쳐 정교수로 승진할 수 있습니다.

연봉은 어느 정도인가요?

편 연봉은 어느 정도인가요?

김 치과의사 연봉은 개원 여부, 근무지, 경력 등에 따라 개인 차가 매우 커서 평균적인 수치로 얘기하기가 어려워요. 특히 대학병원의 경우 개원가에 비해 상대적으로 낮은 경우가 많죠. 2022년 한국보건사회연구원의 〈보건의료 인력 실태조사〉에 따르면, 요양기관에 근무하는 보건의료 인력 중 의사의 연평균 임금이 2억 3,069만 9,494원으로 가장 높았으며, 이어 치과의사 1억 9,489만 9,596원, 한의사 1억 859만 9,113원, 약사 8,416만 1,035원, 한약사 4,922만 881원, 간호사 4,744만 8,594원 순으로 나타났습니다. 의사의 경우, 개원의는 연평균 2억 9,428만 2,306원, 봉직의는 1억 8,539만 558원의 연봉을 받는 것으로 조사되었습니다.

근무 시간은 어떻게 되나요?

편 근무 시간은 어떻게 되나요?

김 대학병원 치과의사의 경우 일반적으로 오전 9시부터 오후 5시 30분까지 진료하며, 야간진료 시에는 오후 8시까지 근무해요. 개인병원은 병원마다 다르지만, 대체로 오전 9시부터 오후 7시까지 진료하며 야간진료는 오후 9시까지 하는 경우가 많고요. 다만, 진료 시간만 보면 대학병원 치과의사가 워라밸을 누리기 좋은 직업으로 보이지만, 실제로는 진료 외에도 환자 진단, 장치 제작, 치료 결과 평가 등 다양한 업무를 수행해야 하므로 실질적인 근무 시간은 더 길 수 있어요.

앞으로 인공지능을 활용한 진단 및 치료 평가, 3D 디지털 기술을 이용한 장치 제작 등이 도입되면 치과 의료 분야의 업무 효율성이 크게 향상되어 근무 시간 단축이 가능할 것으로 기대됩니다. 하지만 현재 저는 대학병원에서 진료뿐만 아니라 치과대학생 교육, 인턴 및 레지던트 지도, 치의학 연구까지 담당하고 있어 실제 근무 시간은 진료 시간보다 훨씬 길며, 워라밸을 누리기 어려운 상황이죠.

근무 환경은 어떤가요?

편 근무 환경은 어떤가요?

김 저는 현재 대학병원의 근무 환경에 매우 만족하고 있어요. 근무 환경이란 근무 시간, 휴식 시간, 휴가, 복지 제도 등을 포괄하는 개념으로, 요즘에는 연봉보다 근무 환경을 더 중요하게 생각하는 경향이 있죠. 물론 근무 시간은 유동적일 수 있지만, 저는 진료 외 시간을 자유롭게 활용할 수 있어 효율적인 시간 관리를 통해 충분히 워라밸을 누릴 수 있다고 생각해요.

사립대학 교원의 경우, 「사립학교법」 제55조에 따라 국·공립학교 교원의 복무규정을 적용받습니다. 「국가공무원 복무규정」 제15조에 따르면, 사립대학 교원도 국가공무원과 마찬가지로 연가, 병가, 공가, 특별 휴가 등을 사용할 수 있어요. 특히, 연가의 경우 재직 기간에 따라 사용할 수 있는 일수가 달라지는데, 6년 이상 재직한 교원은 연간 최대 21일의 연가를 사용할 수 있고요.

부상이나 전염성 질환으로 인해 업무 수행이 어렵거나 다른 의료진 및 환자에게 감염 위험을 줄 수 있는 상황에서는 병가 또는 휴가를 사용할 수 있습니다. 저희 병원은 직원들에게 12시부터 1시 30분까지 충분한 점심시간을 제공하며, 사립학교와 연계된 휴양 시설 이용, 병원 치료비 감면 등 다양한 복지 혜택을 제공하고 있어요. 반면, 개원의의 경우 진료 수입이 병원 운영에 직접적인 영향을 미치기 때문에 근무 시간, 휴식 시간, 휴가 등을 유동적으로 조절해야 하는 경우가 많죠.

편 일의 강도가 어느 정도인가요?

김 노동 강도는 예약된 환자 수와 진료 난이도에 따라 달라지는데요. 특히, 입안의 작은 부위를 집중해서 보는 작업의 특성상, 많은 환자를 진료하거나 시간이 오래 걸리는 치료를 할 경우 목, 어깨, 허리 등에 무리가 가고 눈의 피로도 심해질 수 있어요. 또한, 진료 외에도 기공 작업, 강의 준비, 논문 작성 등 다양한 업무를 병행해야 하므로 환자가 많거나 복잡한 치료가 끝난 날에는 체력적으로 한계를 느낄 때도 많죠.

정년퇴직 후에는 어떤 일을 하나요?

편 정년퇴직 후에는 어떤 일을 하나요?

김 대학병원 교수는 정년이 정해져 있어 65세에 퇴직하지만, 일반 치과의사는 정년이 따로 정해져 있지 않아요. 요즘은 100세 시대라고 하지만, 정년퇴직 이후 30~40년을 더 살아야 하죠. 재직 기간 중에 납입한 기여금을 통해 매월 연금을 받을 수 있지만, 퇴직연금 수령액이 점차 줄어들면서 퇴직 이후의 삶을 고민하는 분들이 많은 것으로 알고 있습니다.

일부 교수님들은 은퇴 후에도 병원을 단독 개원하거나, 동료들과 함께 공동 개원을 하기도 해요. 또한, 다른 병원에서 월급 의사로 근무하거나, 개발도상국에서 치의학 교육 및 진료 봉사를 하기도 하고요. 심지어 치과 재료 회사에 취직하여 신제품 개발에 참여하거나 임상 연구 자문을 하는 경우도 있어요. 이처럼 은퇴 후에는 다양한 분야에서 제2의 인생을 설계하고 있는 모습입니다.

대학병원 치과의사와 개인병원 치과의사의
차이점은 무엇인가요?

[편] 대학병원 치과의사와 개인병원 치과의사의 차이점은 무엇
인가요?

[김] 치과대학을 졸업한 후, 치과의사들은 크게 두 가지 진료로
나뉘게 됩니다. 졸업 후 바로 치과의원에서 근무하는 '일반의
General Practitioner'가 되거나, 대학병원에서 인턴 및 레지던트 과
정을 거쳐 전문 분야의 '전문의' 자격을 취득할 수 있어요.

대학병원 치과는 인턴과 레지던트를 제외하고는 전문의로
구성되어 있으며, 진료뿐만 아니라 치과대학생 및 전공의 교
육, 치의학 연구 등 다양한 활동을 병행합니다. 최신 치의학 기
술 발전을 위해 꾸준히 연구하며, 다양한 치과 진료과와 의과
진료과 간 협진을 통해 복합 질환 환자를 진료하는 경우가 많
아요.

개인 치과의원은 일반의와 전문의가 함께 근무하며, 병원마
다 특화된 시스템을 통해 환자 중심의 맞춤형 진료를 제공합
니다. 특정 분야를 전문으로 하는 치과도 있지만, 대부분의 치
과는 다양한 치과 치료를 제공하죠.

아픈 사람들을 만나는 게 힘들진 않나요?

🔵편 아픈 사람들을 만나는 게 힘들진 않나요?

🔵김 제 진료과목인 교정과의 경우, 통증으로 인해 내원하는 환자보다는 치아를 가지런히 배열하기 위해서, 잘 씹기 위해서, 예뻐지기 위해서 등 심미적인 이유나 기능적인 문제 해결을 위해 내원하는 환자가 더 많아요. 따라서, 다른 진료과에 비해 환자를 만나는 일이 상대적으로 힘들지만은 않죠.

하지만 교정 치료 중에는 예상치 못한 통증이나 불편함을 호소하는 환자도 있습니다. 예를 들어, 교합이 불안정하여 생기는 통증, 교정 장치로 인한 구내염, 장치 탈락으로 인한 불편감 등이 있어요. 특히, 아이들은 치과 진료에 대한 두려움으로 인해 협조를 잘하지 않는 경우가 많아 어려움을 겪기도 해요.

이러한 어려움을 겪는 환자들을 만날 때는 우선, 환자의 통증과 불편함을 공감하고, 그 원인을 정확히 파악하여 해결하기 위해 노력해요. 치료 가능 여부를 명확히 설명하고, 치료 과정에서 환자와의 신뢰 관계를 구축하여 환자의 치료에 적극적으로 참여할 수 있도록 돕죠. 환자의 협조와 신뢰를 바탕으로 치료를 진행하면 더욱 좋은 결과를 얻을 수 있거든요.

환자와의 다양한 에피소드가 궁금해요.

편 환자와의 다양한 에피소드가 궁금해요.

김 흔히 교정 치료는 단순히 삐뚤어진 치아를 가지런하게 하려고 치료받는다고 생각하지만, 교정 치료의 범위는 굉장히 다양해요. 초등학생의 경우 정기적인 구강검진을 받는데요, 구강검진 결과지에 부정교합 진단을 받고 병원에 왔는데 치아는 가지런하지만 반대 교합이 발견되었죠. 부모님은 성장하면서 저절로 반대 교합이 개선되는 줄 알고 치료를 받지 않고 있다가 성장 교정 치료가 필요함을 설명하고 치료했는데, 치료가 끝난 날 기념으로 저에게 선물이라며 BTS의 'dynamite' 춤을 추더라고요. 'dynamite'를 들을 때마다 그날의 공연이 기억나네요.

또 한 번은 20대 여성 환자가 개인병원에서 영구치가 없고

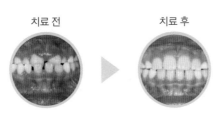

치료 전　　　　치료 후

⊕ 반대 교합의 치료 전후

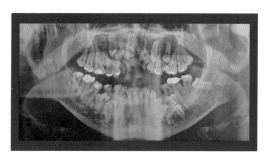

⊕ 쇄골두개이형성증 환자의 파노라마

잔존한 유치를 전부 뽑아야 하는 상황이지만, 임플란트를 할 수 없어 틀니를 해야 한다는 설명을 듣고 상담받기 위해 내원했어요. X-ray 검사 결과, 선천적인 쇄골두개이형성증으로 인해 영구치가 어렸을 때 맹출하지 못하고 뼛속에 영구치와 과잉치가 숨겨져 있었죠. 환자의 어머니 또한 같은 질환으로 모든 치아를 발치하고 틀니를 사용하고 있었고요. 젊은 나이에 틀니를 사용해야 하는 것은 최적의 치료 방법은 아니라고 판단하여 구강악안면외과 교수님과 협진하여 숨겨져 있는 모든 영구치까지는 아니지만 가능한 많은 치아를 뼛속에서 구강 내로 견인하는 치료를 진행했어요. 하나의 치아만 견인에 실패하여 임플란트를 식립했지만, 나머지는 전부 본인의 자연치로 씹을 수 있도록 교합을 형성했습니다. 치료를 마무리하던 날 거울을 보면서 감사 인사를 하던 그 모습이 아직도 생생해요.

의사로서 가장 보람을 느꼈던
치료 경험은 무엇인가요?

편 의사로서 가장 보람을 느꼈던 치료 경험은 무엇인가요?

김 환자들이 만족감을 표현할 때 가장 큰 보람을 느껴요. 특히, 진료 중이던 환자의 부모님이 아이가 학교에서 '교정과 의사'가 되고 싶다고 발표했다는 이야기를 들었을 때는 정말 감동이었죠.

교정 치료는 장기간에 걸쳐 진행되는 만큼, 환자들과의 신뢰 관계 형성에 큰 노력을 기울이고 있어요. 이런 제 모습을 보고 교정과 의사를 꿈꾸게 되었다고 했을 때 그동안 진료실에서

⊕ 교정 진료받은 환자의 꿈, 교정 의사

겪었던 어려움들이 모두 보상받는 기분이에요.

또 아이가 진료받는 모습을 보고 부모님도 "늦었지만, 저도 교정 치료받고 싶어요."라고 할 때, 대학생이었던 환자가 결혼해서 아이와 함께 다시 병원을 찾아올 때는 기분이 묘하기도 하고 같이 나이 들어간다는 생각에 신기하기도 하죠. 건강한 웃음으로 다시 찾아올 때 그리고 본인의 아이를 다시 치료 의뢰할 때가 교정과 의사에게 가장 큰 보람이고 기쁨이 아닐까, 생각해요.

어떤 마음으로 일하시나요?

편 어떤 마음으로 일하시나요?

김 이번 파리 올림픽에서 사격 국가대표 김예지 선수가 주 종목인 25m 권총 급사 경기에서 0점을 기록하며 주목받았어요. 경기 직후 "0점을 쐈다고 해서 세상이 무너지는 건 아니에요." 라는 인터뷰로 화제를 모았죠. 일부 누리꾼들은 올림픽을 가볍게 생각한 것 아니냐며 비난했지만, 김예지 선수는 "절대 올림픽을 가볍게 생각하지 않았고, 말의 힘을 믿기 때문에 부정적인 말을 하지 않고 자신을 달래려고 한 말이었다."라고 답했어요.

저 또한 긍정적인 마음가짐의 중요성을 믿으며, 자존감을 높이고 긍정적인 에너지를 유지하려고 노력해요. 바쁜 병원 생활 속에서 레지던트, 위생사 선생님들과 함께 일하며 불평불만이 나오기 쉬운 환경이지만, 저도 모르게 화를 내지는 않는지 돌아보고, 긍정적인 행동으로 팀원들과 웃음이 가득한 분위기를 만들고자 노력하죠.

환자를 대할 때 특히 신경 쓰는 부분이 있나요?

편 환자를 대할 때 특히 신경 쓰는 부분이 있나요?

김 교정 진료는 장기간에 걸쳐 이루어지는 만큼, 환자와의 라포Rapport 형성이 치료 과정에서 매우 중요하다고 생각해요. '라포'는 서로 간의 신뢰를 바탕으로 심리적인 연결감이 형성된 상태를 의미하며, 이는 환자와 치료자가 마음을 편하게 열고 소통할 수 있도록 돕습니다. 저는 환자들과의 대화를 통해 치료 목표를 공유하고, 진료 과정에서 발생할 수 있는 불편함이나 통증에 대해 충분히 설명하려고 노력해요. 또한, 오늘 진료한 부분과 다음 진료 계획을 자세히 알려드려 환자들이 치료에 적극적으로 참여할 수 있도록 돕죠.

제 환자들은 대부분 청소년기 학생으로, 감정 기복이 심해 예상치 못한 행동을 보이는 경우가 많아요. 대기실에서 눈물을 흘리거나, 진료 의자에 앉자마자 이어폰을 꽂거나, 교정 장치를 잘 착용하지 않거나 양치질에 대해 잔소리하면 갑자기 진료실을 뛰어나가 버리는 등의 행동을 하면 어떻게 해야 할지 몰라 당황스럽죠. 이런 태도에 화가 나더라도 감정적으로 대하지 않고 침착하면서 냉정함을 유지하도록 하고, 직접 맞대응하기보다 조용히 기다리며 청소년들의 감정이 안정될 때

⊕ 진료실

까지 기다려요. 제가 진료에 대해 아무리 논리적으로 설명하려 해도 받아들이지 못할 때는 속상한 마음을 읽고 공감해 주려고 하고요. 이러한 과정에서 청소년 환자와의 라포가 형성되어 있으면 이 과정이 비교적 수월하게 넘어가기도 합니다. 교정 치료는 숙달된 기술로 부정교합의 치료도 잘해야 하지만, 그만큼 중요한 것이 환자들과 신뢰 형성이라고 생각해서 늘 유념하면서 진료하고 있어요.

DENTIST

치과의사의
현재와 미래

치과의사가 환자를 처음 만나 진료하고,
진료를 마무리할 때까지 과정

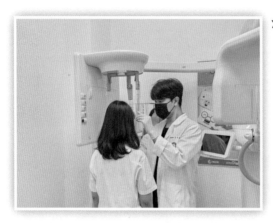

X-ray 촬영 사진

촬영한 X-ray 검사 결과를 환자에게 설명

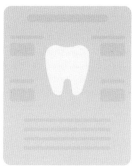

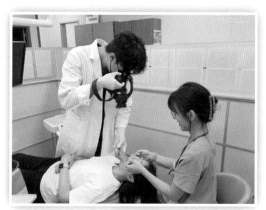

임상검사 과정 중 구강 내 사진 촬영

임상검사 과정 중 얼굴 사진 촬영

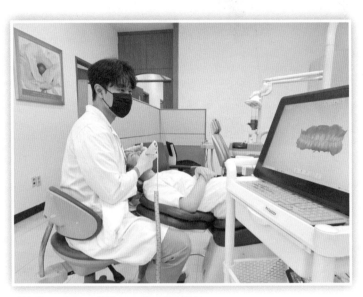

임상검사 과정으로 구강 내 스캔 채득을 통해
환자의 교합 검사 시행

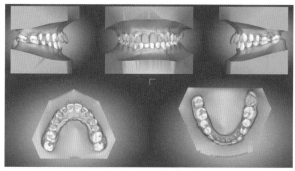

구강 내 스캔 과정으로 체득한 환자 교합 상태를
검사하여 교정 치료 계획 수립

교정 치료 진행 과정

치료 전

교정 장치 부착

교정 치료 진행

교정 치료 종료

경희대학교 치과병원 외부 전경

치과교정과 환자 진료 과정

아름다운 미소를 만드는
치과의사

치과의사가 환자를 치료하는 다양한 도구

1. 충치 치료 및 신경 치료 시 사용하는 기구

기구	용도
탐침	치아의 상태를 탐색하고 충치, 균열, 치석 등을 탐지할 때 사용
치경	구강 내부를 확인하기 위해 사용되는 작은 거울
와동 형성 Burs	치아에 구멍을 내거나 충치를 제거할 때 사용되는 회전 도구
레진도포기	치아 수복 재료(레진)을 충치 와동에 수복하는 기구
파일	신경 치료 시 치아의 뿌리에서 치아 신경을 제거하고 청소하는 기구
광중합기	레진을 경화시키기 위한 LED 또는 UV 광선을 쏘는 기구

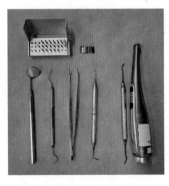

⊕ 충치 치료 및 신경 치료 시
사용하는 기구

2. 잇몸 치료 기구

기구	용도
초음파스케일러	초음파 진동의 미세 흐름을 이용해 치아 표면의 치석을 제거하는 기구
수동스케일러	치아 표면의 치석을 제거하는 기구
치주탐침기	치아 주위 뼈의 손실 정도를 알기 위해 잇몸의 염증 여부를 확인하는 기구

⊕ 잇몸 치료 기구

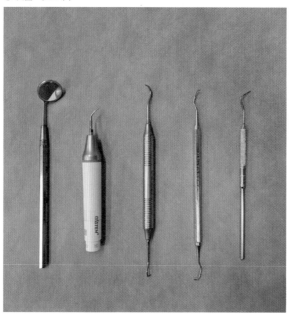

3. 치아 교정 기구

기구	용도
플라이어	와이어를 조작하기 위한 기구
와이어	치아를 움직이기 위해 브래킷에 결찰되는 교정용 철사
브래킷	치아 표면에 부착되어 와이어를 고정하여 치아를 움직이게 하는 금속 또는 세라믹 장치

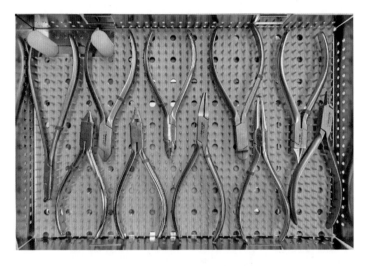

⊕ 치아 교정 기구

4. 구강외과 발치 기구

기구	용도
발치겸자	치아를 발치할 때 사용하는 기구
엘리베이터	발치 시 뼛속에서 치아를 들어 올리는 기구

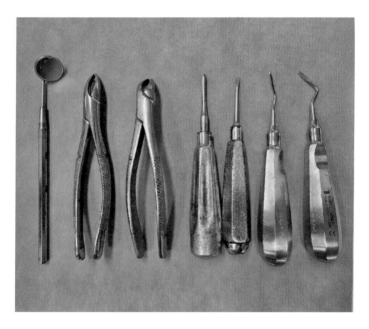

⊕ 구강외과 발치 기구

치과의사의 미래

1. AI 시대의 치과의사

인공지능^{AI, Artificial Intelligence}은 컴퓨터 시스템이나 기계가 인간의 지능적인 행동을 모방하거나 수행할 수 있도록 하는 기술입니다. AI는 이미 우리의 일상생활뿐 아니라 치의학 분야에서도 매우 유망하게 활용되고 있습니다.

AI는 머신러닝^{Machine Learning}과 딥러닝^{Deep Learning}과 같은 기술을 포함하는데, 머신러닝은 데이터를 통해 컴퓨터가 스스로 학습하고 예측할 수 있도록 하는 알고리즘을 사용합니다. 딥러닝은 인공신경망을 활용하여 더욱 복잡한 데이터를 처리하고 분석하는 한층 발전된 기술입니다.

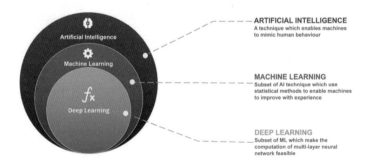

의학 분야에서 딥러닝은 강력한 도구로 활용되고 있지만, 정확도를 높이기 위해서는 방대한 양의 데이터인 '빅데이터'가 필수적이라는 한계를 가지고 있습니다. 이러한 한계를 극복하기 위해 다양한 연구가 진행되고 있는 가운데, 일각에서는 AI의 발전으로 인해 치과의사와 같은 전문직이 사라질 수 있다는 우려를 제기하고 있습니다. AI에 대한 이해 없이 단정적으로 말하기는 어렵지만, AI의 가능성과 한계를 면밀히 살펴보면서 치과의사로서 나아가야 할 방향을 고민하고 있습니다.

처음 AI가 치의학에 도입되었을 때는 주로 진단과 예후 평가에 집중되어 간단한 패턴 인식을 통한 질병 예측에 활용되었습니다. 데이터 부족으로 인해 복잡한 분석에는 어려움이 있었죠. 하지만 AI와 로봇 기술의 발전으로 치의학 분야는 혁신적인 변화를 맞이하고 있습니다. 구강악안면외과에서는 로봇 수술을 통해 임플란트, 종양 제거, 조직검사 등의 수술 정확도를 높이고 수술 시간을 단축하는 성과를 거두고 있습니다. 보철학에서는 AI가 다양한 데이터를 분석하여 환자 맞춤형 보철물을 디자인하고 3D 프린팅으로 제작함으로써 당일 치료가 가능해졌습니다. 또한, 치과교정학에서는 AI를 활용하여 방사선 사진, 구강 스캐너 등을 분석하여 개인 맞춤형 교정 치료 계획을 수립하고 있습니다.

	Sagittal	Vertical

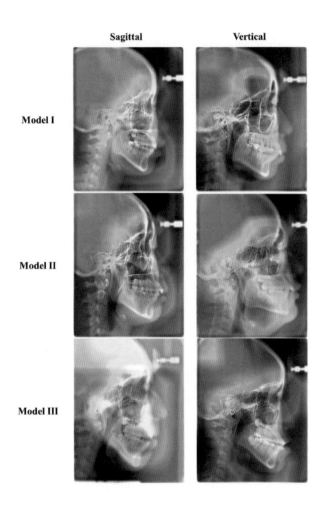

Model I

Model II

Model III

⊕ AI를 이용한 부정교합 진단: AI의 시선

출처: 〈J Dent Res〉, 2020 Mar:99(3):249-256

구강 스캐너로 얻은 치아의 3차원 표면 데이터를 기반으로 인공지능이 각각의 치아를 자동 분할하여 정확한 치료 계획을 수립하고, 이를 바탕으로 3D 프린팅 기술을 활용하여 맞춤형 교정 장치를 제작합니다. 이러한 과정을 통해 치료 기간이 단축되고, 예약 관리가 간편해지며, 치료 결과의 정확성이 향상되었습니다.

법치학에서 AI는 나이와 성별을 추정하고, 교합 자국 분석 및 하악골 형태 예측 등에 활용되어 법의학적 분석의 정확도를 높이고 사건 해결에 기여합니다.

인간의 섬세한 치료 기술, 환자와의 공감 능력, 그리고 개별 환자의 다양한 요구를 파악하고 진료하는 능력은 아직 AI가 완벽히 구현하기 어려운 부분입니다. 하지만 기술의 발전과 함께

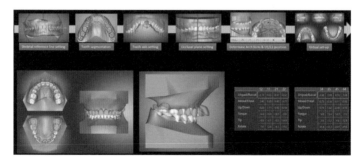

⊕ 구강 스캔 데이터를 이용한 치료 계획 수립

AI는 치과 진료에서 점차 중요한 역할을 담당할 것으로 기대됩니다. 특히 초기 병변 감지, 정확한 진단, 치료 결과 예측 등에서 AI는 핵심적인 도구로 활용될 것입니다. 나아가 AI는 개인 맞춤형 구강 관리를 위한 양치 습관, 식단 관리, 정기 검진 주기 등을 추천하고, 구강 건강 데이터 분석을 통해 질환 발생 가능성을 예측하여 예방 중심의 치료를 가능하게 할 것입니다.

연구 데이터의 양과 질이 향상되면서 AI의 정확도는 더욱 높아질 것이며, 치과 분야에서 더욱 큰 발전을 이끌 것으로 기대됩니다. 국내 여러 대학에서는 진단 정확도 향상과 진료 효율성 증대를 위한 임상 연구가 활발히 진행되고 있습니다. 치과의 기초, 임상, 산업 분야 전반에서 AI 기술 도입이 확대되면서, 향후 10년 이내에 교육, 연구, 임상 현장에서 괄목할 만한 성장이 예상됩니다. 다만, AI 기술이 안정적으로 정착되기 위해서는 환자 개인정보 보호, 빅데이터 보안, AI 활용에 대한 명확한 윤리적 지침 마련이 필수적입니다.

2. 하악골(아래턱)의 성장을 예측하여 부정교합을 예방하는 미래의 교정 의사

교정 치료를 받는 대부분의 환자는 골격성 부정교합과 치성 부정교합을 동반하며, 특히 동양인, 그중에서도 한국인에게는 하악골 전돌 부정교합이 상대적으로 빈번하게 나타납니다. 하악골 전돌 부정교합의 경우, 성장기 환자는 성장 조절을 통한 교정 치료, 사춘기에는 과도한 하악골 성장이 발생할 경우 추가적인 치료가 필요하며, 성인의 경우는 악 교정 수술을 병행한 교정 치료가 고려될 수 있습니다.

기존 연구들은 하악골 성장이 인종별 차이를 보이며, 유전적 요인뿐만 아니라 환경적 요인의 복합적인 영향을 받는다는 사실을 밝혀냈습니다. 특히, 하나의 유전자보다는 다수의 유전자가 서로 다른 조합으로 작용하여 하악골 과잉 성장과 관련된 부정교합을 유발하며, 이러한 유전적 영향은 다양한 환경적 요인에 따라 달라질 수 있다는 것이 보고되었습니다.

모든 사람은 유전체의 약 99.9%가 동일하며, 개인 간 차이는 0.1% 정도의 염기서열 변이에서 비롯됩니다. 인간 유전체

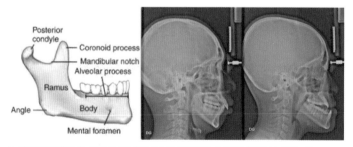

⊕ 하악골의 형태 및 하악골 저성장군과 과성장군의 측모두부방사선 사진 비교

⊕ 진행된 유전체 연구의 프로토콜

의 변이는 크게 네 가지 종류로 나눌 수 있는데, 반복염기서열 변이형, 산발적인 반복 DNA, 삽입과 결손, 그리고 단일염기서열다형성Single Nucleotide Polymorphism, SNP이 있습니다. 현재 유전체 연구에서는 전체 인간 유전 변이의 약 90%를 차지하는 SNP를 이용한 연구가 가장 활발하게 진행되고 있습니다.

이 연구의 궁극적인 목표는 유전자 분석을 넘어, 유전자 정보를 기반으로 하악골 형태와 주변 근육까지 고려한 유전적 진단을 통해 하악골 과성장을 조기에 진단하고, 개인별 치료 반응을 예측하여 최적의 교정 치료를 제공하는 것입니다. 이를 위해 단기적으로는 대규모 환자군을 모집하여 관련 유전 자를 탐색하고, 발견된 유전적 변이의 기능을 규명하는 연구

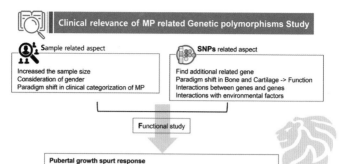

⊕ 유전자 연구를 이용한 성장 예측과 향후 연구 방향

가 필요합니다. 장기적으로는 교정 장치와 유전적 요인을 함께 고려한 임상 연구를 통해 치료 결과를 예측하고, 표준화된 치료 프로토콜을 확립해야 합니다. 최근 AI 기술 발전과 함께 다양한 유전자의 상호작용에 대한 연구가 축적되면서, 이러한 임상 프로토콜 수립에 더욱 기여할 것으로 기대됩니다.

이 연구는 성장 완료 후에야 확진할 수 있었던 하악골 과잉으로 인한 악 교정 수술이 필요한 환자를 성장기 또는 그 이전에 조기에 진단할 수 있는 강력한 도구가 될 것으로 기대됩니다. 이를 통해 성장 양상에 대한 불확실성을 줄이고 불필요한 성장 조절 치료를 최소화하여 환자의 시간적, 경제적 부담을 경감시킬 수 있을 것입니다.

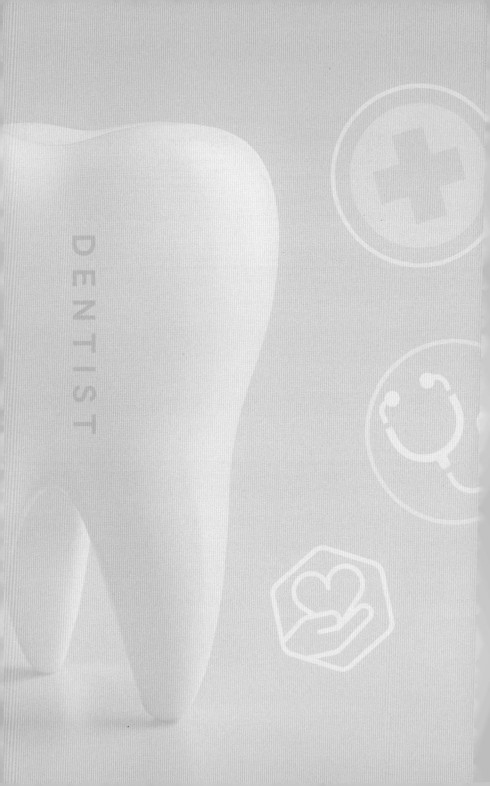

DENTIST

김경아 교수님이
청소년들에게

편 교수님께서는 대학교에서 학생들을 가르치시는데, 학생들을 보면서 어떤 생각을 하시나요?

김 강의실에 들어가서 학생들을 마주할 때마다 푸릇한 젊음이 부럽고, 제가 학생이었던 시절이 떠오릅니다. 책상에 앉아 전공 서적을 펼치고, 친구들과 함께 캠퍼스를 누리던 그때가 그립죠. 치과대학생들은 다른 학생들과 달리, 졸업 후 진료라는 확실한 미래를 가지고 있다는 큰 장점이 있어요. 하지만, 치의학이라는 전문 분야를 짧은 시간 안에 익히기 위해 집중적인 이론 수업과 실습을 병행하며 힘든 시기를 보내기도 합니다. 힘든 과정에서도 배움의 기쁨을 느끼고, 젊음을 충분히 누렸으면 좋겠어요.

치과의사라는 직업은 아픈 환자를 상대하고, 급변하는 사회 속에서 다양한 서비스를 요구하는 환자들이 늘어나면서 정신적인 스트레스와 업무 강도가 높아지고 있어요. 치과 개원이 포화 상태에 이르면서 경쟁이 치열하여 경쟁력 있는 치과를 운영하지 않으면 경제적 보상이 따라오기 힘든 상황이고요. 이러한 무한 경쟁 속에서 여러분은 단순히 많은 치과의사 중 한 명이 아니라, 본인만의 강점을 살려 병원 경영이나 진료 분야에서 두각을 나타내길 바랍니다. 치과의사라는 진로를 일찍 선택한 만큼 다른 사람들보다 진로 고민에 대한 부담을 덜 수 있을 거예요. 남는 시간을 활용하여 자신만의 강점을 더욱 발전시키고, 그 강점이 자기 삶에 어떤 의미를 가지는지 고민하며 경쟁력 있는 치과의사로 성장하기를 기대합니다.

저는 경쟁력 있는 의사가 되기 위해 학교에 남아 후배들을 가르치는 일이 제게 큰 보람과 행복을 주는 자아실현의 기회라고 생각합니다. 하지만 개개인에게 의미 있는 일은 모두 다르기 때문에, 보편적인 정답은 없다고 생각해요. 대학 생활 동안 충분히 고민하고 자신에게 맞는 길을 찾길 바랍니다.

⊕ 학생이 그려준 나의 모습

편 중, 고등학생 중 꿈이나 목표가 확실하지 않은 친구들이 공부에 대한 동기 부여를 어떻게 할 수 있을까요?

김 사실 우리나라 교육은 개인의 자아실현보다는 성공과 부를 위한 직업을 목표로 하며, 이를 위해 대학 입시에 지나치게 집중하고 있어요. 그 결과 많은 학생이 자신의 진정한 꿈과 목표를 놓치고, 단순히 입시를 위해 공부하는 경우가 많죠. 쇼펜하우어가 말했듯이, 우리는 타인이 아닌 자신의 가치를 찾아야 하며, 자신의 개성과 적성에 맞는 일을 찾아 노력해야 합니다. 꿈이나 목표가 없다고 해서 공부를 포기할 필요는 없어요. 오히려 공부하는 과정에서 자신이 가진 강점과 진정으로 원하는 것이 무엇인지, 끊임없이 고민해야 하죠. 이를 통해 자기 적성에 맞는 일을 찾고, 행복한 삶을 살 수 있을 거예요.

"행복이란 자신의 개성과 소질에 맞도록 노력함으로써 다다를 수 있는 만족감이다. 이를 위해 자신이 성취하고자 하는 것 가운데 자신에게만 적합하고, 자기만이 할 수 있고, 자기에게만 즐거운 것을 알아야 한다. 자신의 성격에 맞는 일을 찾아 올바른 선택을 하는 것이 행복을 위한 가장 중요한 출발점이다."

『마흔에 읽는 쇼펜하우어』 중에서

나에게 맞는 일을 찾는 것은 행복한 미래를 위한 첫걸음입니다. 다양한 경험을 통해 나의 가능성을 발견하고, 꿈을 향해 나아가세요!

편 열심히 노력했지만, 원하는 대학에 합격하지 못해 실망한 친구들이 많습니다. 이런 친구들에게 어떤 위로와 조언을 해줄 수 있을까요?

김 치열한 입시 경쟁 속에서 중요한 것 중 하나가 긍정적인 마음가짐이에요. 하지만 원하는 결과를 얻지 못하면 누구나 실망하고 좌절할 수 있어요. 자존감이 떨어지고, 혼자 있고 싶고, 우울해질 수도 있죠. 걱정과 불안감 때문에 공부에 집중하기 어렵고, 여러 생각이 많아져 오히려 역효과를 볼 수도 있어요. 하지만 긴 인생을 생각해 볼 때, 지금은 새로운 시작을 준비하는 출발선이에요. 넘어져도 다시 일어설 수 있다는 긍정적인 마음으로, 불필요한 걱정은 잠시 내려놓고 자신감을 가져보세요.

끊임없이 앞만 보고 달리다 보면 지쳐서 포기하고 싶은 마음이 들 수 있어요. 규칙적인 생활 습관을 통해 여유를 가지고, 하루 목표를 세워 시간을 효율적으로 활용해 보세요. SNS에서 타인의 화려한 모습을 보며 스스로를 비교하고 자존감이 낮아지는 것은 건강하지 못한 습관이에요. 휴식 시간에는 스마트폰 사용을 줄이고, 좋아하는 책을 읽거나 자연을 산책하며 여유를 찾는 것이 좋겠죠. 긍정적인 생각은 우리를 더욱 빛나게 만들어 줄 거예요. 입시는 인생의 한 단계일 뿐이니, 너무 부담감을 느끼지 말고 미래를 향해 나아가세요. 미래의 꿈을 향해 나아가는 오늘 하루가 되길 바랍니다.

편 이 책을 읽는 여러분은 학교 공부, 학원, 친구들과의 시간까지, 정말 바쁘게 살고 있죠? 늘 시간에 쫓기는 듯한 느낌이 들 때도 있을 거예요. 과연 10대 시절을 어떻게 보내야 후회 없는 시간으로 만들 수 있을까요?

김 저도 시간에 쫓기다 보면 해야 할 업무만 처리하다 하루를 보내는 일이 많은 것 같아요. 하루를 마무리하며 '오늘 하루는 뭘 했더라?' 하고 되돌아볼 때, 후회하면서 잠자리에 들 때가 많죠. 친구들도 비슷한 고민을 하고 있을 것 같아요. 학교 과제, 학원 숙제에 쫓기다 보면 스스로 생각하며 공부할 시간이 부족할 수밖에 없죠. 저는 바쁠수록 규칙적인 생활을 통해 시간을 효율적으로 관리하려고 노력하고 있어요.

먼저 아침 루틴 만들기! 아침을 어떻게 시작하느냐에 따라서 하루가 결정되기 때문에, 규칙적인 아침 루틴을 만들어 하루의 시작을 의미 있게 만들려고 해요. 출근 전에는 미국 드라마를 보면서 영어 공부를 하고, 진료 시작 전까지는 저만의 시간을 갖는 것으로 하루를 시작하죠.

두 번째는 규칙적인 운동과 건강한 식습관 갖기예요. 입시라는 긴 레이스에서 지치지 않고 달리기 위해서는 몸과 마음의 건강이 무엇보다 중요하니까요. 사실, 저에게는 이 부분이 가장 어렵지만, 운동을 할 수 없을 때는 계단 걷기라도 하려고 노력하고 있어요. 그리고 매 끼니를 소중하게 생각하며 건강한 음식을 챙겨 먹으려고 하고요.

마지막으로 무엇이든지 해낼 수 있다는 믿음을 가지고 최선을 다하는 자세와 포기하지 않는 열정이에요. 긍정적인 마음가짐은 반드시 성공적인 결과로 이어진다고 믿거든요. 후회 없는 10대를 보내고, 더 나아가 멋진 미래를 만들어 나가길 응원합니다.

편 교수님께서는 인생을 살아오면서 큰 좌절을 경험한 적이 있으신가요? 만약 있다면, 어떻게 그 어려움을 극복하셨는지 궁금합니다.

김 4년 대학을 졸업하고 치의학전문대학원에 진학하려던 저는 입시에서 실패를 겪었어요. 그동안 시험에서 좋은 결과를 얻었던 터라, 특히 주변 친구들이 모두 합격하는 모습을 보며 큰 상실감을 느꼈죠. 마치 세상에 혼자 남겨진 듯한 외로움과 함께 자존감이 떨어지고, 걱정과 불안에 휩싸여 공부에 집중하기 어려웠어요.

며칠 동안 방황하며 좌절했지만, '내년에도 이렇게 시간을 허비할 수는 없다'라는 생각에 마음을 다잡고 작은 목표부터 실천하기 시작했어요. 불필요한 걱정은 뒤로하고, 할 수 있다는 자신감을 가지고 한 과목씩 차근차근 공부를 다시 시작했죠. 사실, 공부하다 보면 자신 있는 부분은 쉽고 재미있지만, 어려운 부분이나 틀린 문제는 회피하고 싶은 마음이 생기곤 하잖아요. 하지만 실패의 원인을 정확히 파악해야 비슷한 실수를 반복하지 않을 수 있다는 것을 알고, 틀린 문제를 중심으로 오답 노트를 꼼꼼히 정리하며 공부했어요.

또 학교처럼 정해진 시간표가 없고, 누가 감시하지 않는 환경에서 스스로 학습 계획을 세우고 실천해야 했죠. 규칙적인 생활 루틴을 만들고, 매일 목표를 정해 시간을 효율적으로 관리하며 긍정적인 마음을 가지면서 그 시간을 극복했던 것 같아요.

편 저는 대학교 입학이 새로운 시작이라고 생각해요. 학생들이 대학 입학을 최종 목표로 삼기보다는, 더 큰 꿈을 향한 발판으로 삼기를 바라는 마음이죠. 교수님께서는 이에 대해 어떻게 생각하시나요?

김 자신의 꿈이 무엇인지 생각해 보는 시간을 가졌으면 좋겠어요. 누구에게나 '나는 치과의사가 되고 싶어요.', '나는 축구 선수가 되고 싶어요.'와 같이 구체적인 꿈이 있듯이, 대학 입시 합격을 꿈으로 생각하진 않죠.

요즘 대학 입시가 매우 치열해져서 마치 전쟁터 같다는 생각이 들기도 하지만, 대학 입시 합격이 곧 인생의 목표는 아니라고 생각해요. 대학에 입학하면 왜 이 전공을 선택했는지, 어떤 꿈을 꾸고 있는지, 그리고 사회에 어떤 기여를 하고 싶은지 고민하며 진정한 나의 꿈을 향해 나아가는 시작점으로 삼았으면 좋겠어요.

중고등학교 때와 달리 대학에서는 스스로 시간표를 구성하며 수업을 선택할 수 있는 자유가 주어지죠. 이는 자기 주도적인 학습 능력을 키우고, 자신에게 맞는 진로를 탐색하는 소중한 기회가 될 거예요. 대학 생활을 새로운 시작으로 여기고 적극적이고 긍정적인 자세로 임하기를 바랍니다.

편 앞으로 대학은 어떻게 바뀔까요?

김 제가 다녔던 대학과 앞으로 친구들이 다닐 대학은 많은 차이가 있을 것 같아요. 미래 대학에 대한 연구 결과를 보면 디지털 전환, 개인 맞춤형 교육, 연구 혁신, 사회적 책임, 재정 문제, 국제화, 그리고 기술 발전과 윤리 문제 등 다양한 요인이 대학의 변화를 이끌 것으로 예상돼요.

많은 대학이 온라인 강의와 디지털 교육 플랫폼을 적극 도입하며 학생들이 더욱 유연하게 학습할 수 있는 환경을 조성하고 있어요. 특히 팬데믹 이후 원격 교육의 중요성이 부각되면서, 오프라인 수업에 대한 의존도가 낮아지고 전 세계 어디서든 접근할 수 있는 교육 자원을 활용하는 사례가 증가하고 있고요. 미국의 MIT와 하버드 대학처럼, 많은 명문 대학들이 이미 온라인 코스를 통해 글로벌 학생들에게 양질의 교육을 제공하고 있죠.

또한, AI와 빅데이터 분석 기술을 활용하여 학생 개개인의 학습 성향과 성과를 분석하고, 이를 바탕으로 맞춤형 교육 프로그램을 제공하는 시대가 도래할 거로 생각해요. 일률적인 교육 방식에서 벗어나 학생들의 개별적인 학습 목표에 맞춘 교육이 이루어질 것이며, 단순 암기보다는 장기적인 프로젝트를 수행하며 실질적인 문제 해결 능력을 키우는 학습 방식이 확

산될 거예요. 이미 많은 교육 현장에서 이러한 변화가 시도되고 있어요.

첨단 기술 연구를 위해 대학과 기업의 협력도 더욱 강화될 거예요. 이러한 협력은 새로운 지식과 기술 발전을 가속화하고, 스타트업과 창업 생태계를 활성화하여 실제 산업 현장에 혁신을 가져올 거고요. 더 이상 이론에만 국한된 연구가 아닌, 실생활에 직접 적용될 수 있는 연구가 활성화될 것으로 예상돼요.

사회적 책임을 다하기 위해 대학들은 지속 가능한 발전 목표 Sustainable Development Goals, SDGs 달성을 위한 지역사회 협력을 강화하고, 공공 서비스 제공 프로그램을 확대할 거로 생각해요. 특히 '양질의 교육'이라는 SDGs 목표 달성을 위해 포괄적이고 공정한 교육 기회를 제공하고, 평생 학습을 장려하여 양질의 일자리 창출과 경제 성장에 기여할 거예요.

글로벌화 시대에 국제 학생 유치와 글로벌 네트워크 구축은 대학의 중요한 과제예요. 이를 통해 문화적 다양성을 확대하고 글로벌 인재를 양성함으로써 세계적인 경쟁력을 강화할 수 있어요. 저희 치과대학의 경우, 외국인 학생들이 졸업 후에도 지속적인 교류를 이어가며 연구와 진료 분야에서 긴밀한 협력 관계를 구축하고 있고요. 앞으로 이러한 글로벌 네트워크는

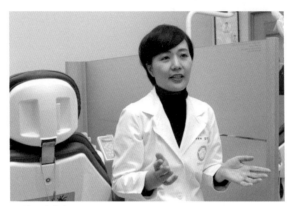
⊕ 진료실에서

더욱 확대될 것으로 기대됩니다.

마지막으로, AI와 빅데이터 시대의 도래와 함께 개인정보 보호, 데이터 보안, AI 윤리 교육의 중요성이 더욱 커질 거로 생각해요. 단순 지식 전달 중심의 대학 강의는 점차 줄어들고, 학생들은 필요한 정보를 손쉽게 얻을 수 있는 환경에서 살고 있죠. 따라서 미래 교육은 인공지능 시대에 필요한 인문학적 소양과 윤리 의식 함양에 초점을 맞출 거예요.

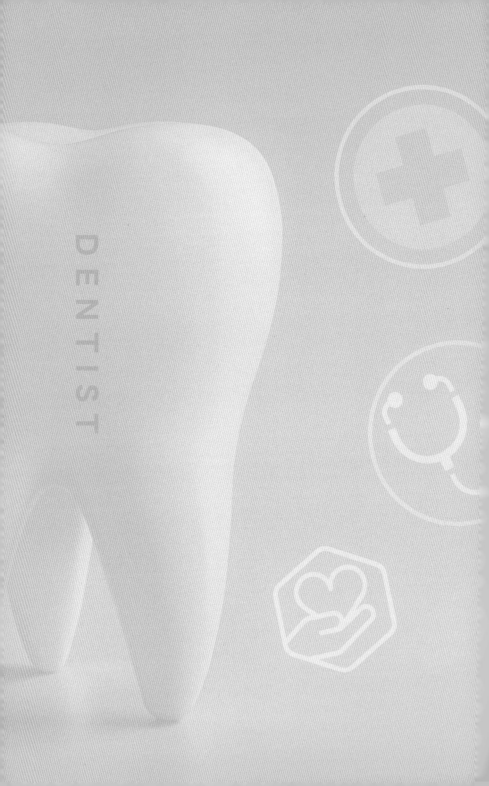

치과의사
김경아 스토리

편 학창 시절에는 어떤 학생이었나요?

김 저는 스스로 판단하고 계획하며 행동하는 편이었던 것 같아요. 미래를 설계하는 과정에서 부모님은 제 결정을 항상 지지해 주셨고, 특별히 이렇게 하라 저렇게 하라 간섭하신 적이 없어요. 두 분 다 교육계에 종사하셨지만, 저희 집은 공부를 강요하는 분위기보다는 스스로 학습하는 것을 장려하는 분위기였어요. 사실 저희 세대는 '공부는 스스로 하는 것'이라는 인식이 강했기 때문에, 요즘처럼 학습 경쟁이 치열했더라면 부모님도 더 적극적으로 저를 독려하셨을 것 같아요.

고등학교에 진학하고 나서 '내가 앞으로 무엇을 해야 할까?' 고민하며, 어떤 일을 하던 공부는 기본이라는 생각이 들었어요. 그 후로 공부에 집중하면서 성적이 꾸준히 올랐죠. 중학교 때보다 고등학교 때, 특히 고등학교 1학년보다 2학년 때 성적 향상이 더 두드러졌어요. 성적이 오르면서 더 잘하고 싶다는 욕심이 생겼고, 목표를 설정하고 계획적으로 꾸준히 노력했던 것 같아요.

하지만 공부만 한 것은 아니에요. 운동, 특히 구기 종목을 보는 것을 정말 좋아했어요. 좋아하는 팀을 응원하며 학업 스트레스를 풀었죠. 졸업한 고등학교가 사직운동장과 가까워서 중간고사나 모의고사가 끝나면 친구들과 야구장에 가서 '롯데

자이언츠'를 목청껏 응원했던 기억이 아직도 생생해요. 덕분에 지금도 스트레스를 받으면 야구장을 찾거나 경기를 시청하며 스트레스를 풀곤 합니다. 왜 롯데 자이언츠를 응원하냐고 물으면 항상 "born to be Giants"라고 농담처럼 대답해요.^^

편 가장 좋아했던 과목과 어려워했던 과목은 무엇인가요?

김 저는 수학과 생물을 좋아했고, 국어는 늘 어려워했던 전형적인 이과생이었어요. 사실 고등학교 때는 담당 선생님의 영향이 컸던 것 같아요. 선생님이 좋으면 그 과목이 더 재미있어지고, 그래서 더 열심히 공부하게 되고, 나아가 대학 전공 선택에도 영향을 미치더라고요.

저는 수학 선생님과 생물 선생님을 존경했고, 특히 생물 선생님은 수업 시간마다 교과서 내용뿐만 아니라 최신 과학 연구 동향까지 알려주셔서 좋았어요. 특히 1990년대 후반부터 진행되었던 인간 게놈 프로젝트에 대한 이야기는 저에게 큰 충격이었어요. 인간의 모든 유전 정보를 해독하면 모든 질병을 정복하고, 유전자를 통해 질병을 예방하며, 심지어 SF 영화에 나오는 영원히 늙지 않는 삶을 살 수 있을 거로 생각했던 것 같아요.

또한, 그 당시 분자 생물학의 발달로 인간과 침팬지의 유전자가 1.6%밖에 차이 나지 않는다고 밝혀지면서 1.6%의 차이를 잘 분석한다면, '인간과 동물의 근본적 차이를 알 수 있지 않을까?', '인간과 동물의 복제 시대가 열리지 않을까?'라는 상상까지 하며 생물학 대학 원서를 찾아보면서 공부했고, 자연스럽게 생물학과 진학을 결정하게 되었어요.

사실 어렸을 때부터 책 읽기를 즐기지 않아서 국어 공부가 항상 어려웠어요. 수학이나 과학은 잘했지만, 국어 성적이 저를 늘 괴롭혔죠. 모든 학문의 기본이 국어라는 걸 알면서도 '나는 이과형이니까'라며 스스로를 위로하곤 했어요. 요즘 '문해력'이 중요하다는 말을 자주 듣는데, 돌이켜보니 저도 문해력이 부족했던 것 같아요.

📝 공부하다가 슬럼프가 올 때 어떻게 극복했나요?

🔵 저는 국어 때문에 공부에 어려움을 많이 겪었어요. 좋아하는 과목은 재미있게 공부했지만, 국어처럼 어려운 과목은 소홀히 하다 보니 성적이 오르지 않아 슬럼프가 종종 찾아왔죠. 하루 공부 시간이 정해져 있다 보니, 오히려 내가 어려워하는 과목부터 공부하기 시작했어요. '나중에 하지 뭐' 하다 보면 계속 미루게 되고, 밤늦도록 공부하다 보니 집중력이 떨어져서 악순환이 반복되더라고요. 그래서 가장 집중이 잘 되는 시간

에 국어 공부를 시작했죠. 문제를 틀린 이유를 정확히 알아야 했기 때문에 오답 노트를 작성했는데, 국어는 오답 노트를 만들기가 쉽지 않았어요. 그래서 국어 문제를 반복해서 읽으며 복습했죠. 어려운 문제를 풀면서도 포기하지 않고 노력하면 무엇이든 해낼 수 있다는 자신감을 얻었고, 그렇게 슬럼프를 극복했어요.

편 학창 시절에 가장 기억에 남는 일이나 사람은 누구인가요?

김 뜬금없다고 생각할 수도 있겠지만, 저는 고등학교 시절 가장 기억에 남는 인물로 야구선수 박찬호를 꼽고 싶어요. 요즘 친구들은 박찬호라는 이름을 들으면 말 많은 야구 해설위원이나, 기아 타이거즈의 박찬호 선수를 떠올릴지도 모르겠어요. 하지만 저에게 박찬호 선수는 단순히 야구선수를 넘어 한국 야구의 자부심이자 영웅이었죠. 1994년 한양대를 중퇴하고 메이저리그 LA 다저스에 입단하며 한국인 최초로 메이저리그 무대를 밟았고, 아시아 투수 최다승 기록을 세우기도 했어요. 마치 요즘의 손흥민 선수와 같이, 시대를 대표하는 스포츠 스타였던 거죠.

제가 고등학교 시절은 IMF 외환위기로 많은 사람이 어려움을 겪던 시기였어요. 가정 형편이 어려워 대학 진학을 포기하는 친구들도 많았죠. 그런 힘든 시기에, 대한민국을 알리기 어려웠던 시기에, 박찬호 선수는 메이저리그에서 혼자 외롭게 싸우며 최고의 자리에 올랐어요. 물론 실패도 겪었지만, 그 어려움을 이겨내는 모습은 저에게 큰 감동이었어요. 슬럼프에 빠질 때마다 박 선수의 모습을 떠올리며 다시 힘을 낼 수 있었죠. 지금은 많은 선수가 해외 리그에서 활약하고 있지만, 박찬호 선수가 처음으로 메이저리그에 진출하여 이룬 업적은 특별하다고 생각해요. 야구팬으로서, 저에게 박찬호 선수는 영원한 영웅입니다.

편 친구들과 어떤 재미있는 추억들이 있나요?

김 여느 고등학생들처럼, 저도 일상에서 소소한 추억들을 많이 만들었어요. 특히 고등학교 학생회 활동을 하면서 만난 친구들과는 지금까지도 돈독한 우정을 이어가고 있어요. 아이 엄마가 된 지금도 종종 만나 25년 전의 추억을 떠올리곤 하는데, 그중에서도 경주 여행 이야기는 빠지지 않고 등장하죠. 부산에 살던 저희는 학교가 버스터미널과 가까워서 시험이 끝나면 친구들과 함께 경주로 자전거 여행을 떠났었어요. 멤버 중 한 명이 자전거를 못 타서 2인용 자전거를 번갈아 타며 경주

보문단지까지 달려갔죠. 신라의 역사를 간직한 아름다운 풍경 속에서 자유로운 시간을 보내며 잊지 못할 추억을 만들었어요.

편 생물학과로 진로를 정하게 된 이유가 있나요?

김 저는 고등학교 시절 생물 선생님을 존경했고, 수업 시간에 해주셨던 내용이 너무 재미있어서 생물학과 진학을 결심했어요. 특히, 선생님이 들려주셨던 최신 과학 연구 동향 이야기들은 제 호기심을 자극했어요. DNA와 유전자의 구조와 기능을 배우면서 생명체의 신비를 탐구하는 일이 얼마나 매력적인지 깨달았죠. 작은 분자들이 모여 복잡한 생명체를 만들고 기능을 조절한다는 사실에 놀라웠어요. 특히, 당시 진행되던 인간 게놈 프로젝트에 대한 이야기를 듣고 모든 질병을 치료하고, 인류의 삶을 바꿀 수 있는 연구를 하고 싶다는 꿈을 키우게 되었죠. 유전자 염기서열을 모두 밝혀낸다면 유전 질환 치료나 신약 개발과 같은 분야에서 연구할 수 있을 거로 생각했어요. 그래서 생물학, 분자생물학, 유전학 등을 공부하기 위해 생물학과 진학을 선택했어요.

편 치과의사가 되겠다고 정한 계기가 무엇인가요?

김 고등학교 시절부터 생명 현상에 대한 깊은 호기심을 가지고 자라왔고, 자연스럽게 생물학에 대한 흥미를 느껴 대학에서 생물학을 전공하게 되었어요. 학부 시절, 국립산림청 연구소와 다양한 생물학 실험실에서 실습하며 생명과학의 넓은 영역을 경험했죠. 특히 분자생물학 연구에 매료되어, 분자 수준에서 생명 현상을 이해하고자 노력했고요. 분자생물학 연구를 통해 얻은 지식을 인간의 건강 증진에 활용하고 싶다는 생각에 이르렀고, 그중에서도 구강 건강에 주목하게 됐어요. 구강은 외부 환경에 직접 노출되어 다양한 질병에 취약하며, 전신 건강과 밀접한 연관이 있다는 사실을 알게 되었죠. 실제로 구강 내 미생물 불균형이 심혈관 질환, 당뇨병 등과 연관이 있다는 연구 결과를 접하면서 치의학 분과에서 더욱 의미 있는 연구를 수행하고 싶다는 확신을 얻었어요.

특히, 학부 시절 참여했던 구강 내 미생물 다양성에 관한 연구 프로젝트는 제게 큰 영향을 미쳤죠. 이 연구를 통해 구강 건강이 단순히 치아 문제뿐만 아니라 전신 건강과 밀접하게 연관되어 있다는 사실을 깨달았어요. 구강 건강 관리가 사람들의 삶의 질을 얼마나 크게 향상할 수 있는지 확인하며, 치과의사로서 구강 건강 증진에 기여하고 싶다는 확신을 갖게 되었어요. 즉, 치과의사는 단순히 치아 문제만 해결하는 것이 아니라, 환자의 전반적인 건강 증진에 중요한 역할을 수행할 수 있다는 것을 깨닫게 된 거죠.

또한, 환자와 직접 소통하며 치료하는 치과의사의 역할이 제 성격과 잘 맞는다고 생각했어요. 환자의 구강 건강을 책임지고, 긴밀한 관계를 형성하며 치료해 나가는 과정에서 큰 보람을 느낄 수 있을 것 같았죠. 이러한 확신을 바탕으로 치의학전문대학원에 진학하여 다시 한번 치과의사의 꿈을 키우게 되었어요.

편 경희대 치의학대학원 시절을 어떻게 보내셨나요?

김 사실 생물학과 다닐 때는 전공 공부에 집중했던 것 같아요. 물론 공부만 하고 지낸 것은 아니지만, 분자생물학이나 유전학 등에 대한 흥미가 커지면서 외국에서 공부하고 싶다는 생각이 들었고, 실험실에서 연구 보조를 하며 실습에 집중했던 탓에 다른 외부 활동은 소홀히 했던 것 같아요. 졸업할 즈음에는 동아리 활동이나 예체능 활동을 하지 못한 것이 후회되어 치의학전문대학원에 와서는 공부뿐만 아니라, 다양한 활동에도 적극적으로 참여하고 싶다고 생각하게 되었죠.

고등학교를 다시 다닌다고 생각하면 굉장히 힘들었을 텐데, 대학교를 한 번 더 다니게 되니 오히려 색다르고 이전에 못 해

봤던 것들에 대한 관심이 생겨 테니스 동아리나 학생회 활동에 적극적으로 참여하게 되었어요. 아마 치과의사라는 진로가 정해져 있어 마음이 조금 더 여유로웠던 것 같아요. 그래서 학업과 병행하며 다양한 활동을 즐길 수 있었고, 덕분에 넓은 인맥을 쌓을 수 있었어요.

치과의사로 살아가면서 치과대학 시절은 정말 잊지 못할 소중한 시간이었어요. 학문적으로 많은 것을 배우기도 했지만, 고등학교처럼 하루 종일 함께 생활하며 다양한 사람들과 깊이

⊕ 치과대학 동기들,
졸업 10주년 기념 여행

교류하고 인생의 다채로운 경험을 할 수 있었던 것이 더욱 값졌던 것 같아요. 동아리 활동을 통해 스트레스를 해소하고 다양한 경험을 쌓으면서 성장할 수 있었고, 이러한 경험들이 지금의 저를 만들었다고 생각해요.

편 치과를 개원하면 교수로 재직하는 것보다 수입이 더 많지 않나요?

김 개원가 수입이 예전만큼 많지는 않지만, 일반적으로 치과를 개원하면 교수직에 비해 더 많은 수입을 얻을 수 있어요. 하지만 치과마다 상황이 다르고, 특히 개원 초기에는 높은 초기 비용 때문에 어려움을 겪을 수 있죠. 시간이 지나면서 환자 수가 늘어나면 수입이 안정적으로 증가하는 것 같아요.

반면에, 교수로 일하면 안정적인 월급과 함께 학교 및 병원에서 제공하는 다양한 복지 혜택을 누릴 수 있어요. 또한, 최근 개발되는 고가의 디지털 장비를 개인 치과에서 도입하기는 어려운 경우가 많지만, 대학병원에서는 여러 진료과에서 공동으로 장비를 구매하여 사용하기 때문에 최신 의료 장비와 기술을 쉽게 접하고 습득할 수 있다는 장점이 있죠.

결론적으로, 치과를 개원하면 더 많은 수입을 기대할 수 있지만, 성공적인 운영을 위해서는 큰 노력과 경험이 필요해요.

반면, 교수직은 안정적인 수입과 함께 학문적인 성장을 추구할 수 있는 매력적인 선택지죠. 따라서 개인의 목표와 가치관에 따라 개원과 교수직 중 자신에게 더 적합한 길을 선택하게 돼요.

편 부모님께서는 어떤 분이세요? 교수님을 항상 응원해 주셨나요?

김 저는 1남 1녀 중 장녀로, 단란하고 화목한 가정에서 자랐어요. 평생을 교직에 몸담으시며 전인교육과 인성교육을 실천하신 아버지와 항상 아낌없는 사랑과 격려를 보내주신 어머니 덕분에 '성실과 정직'이라는 소중한 가치를 배우며 성장했죠. 돌이켜보면, 지도교수님께서 늘 말씀하시던 '곡능유성'의 가르침과도 일맥상통하는 부분이에요. 부모님께서는 어떤 일이든 강요하지 않고, 스스로 판단하고 행동할 수 있도록 격려해 주셨어요. 덕분에 어릴 때부터 자립심과 책임감을 길렀고, 어떤 상황에서도 당당하고 적극적인 성격으로 자랄 수 있었죠.

저는 아버지를 굉장히 존경해요. 아버지는 아홉 남매 중 여덟째로 시골 바닷가에서 태어나 스스로 인생을 개척하신 분이에요. 어떤 문제가 생기더라도 쉽게 답을 내리지 않고 다양한 해결책을 모색하셨으며, 한번 결정한 일은 끝까지 책임지는 모습을 보여주셨어요. 특히, 정년을 앞두고 백혈병 투병을 하셨지만, 절망하지 않고 긍정적인 자세로 병을 이겨내려는 모습은 저에게 큰 감동을 주었죠. 매일 혈액 검사 결과를 엑셀 파일로 정리하며 건강 상태를 꼼꼼히 관리하시는 모습에서 아버지의 강한 생명력과 삶에 대한 열정을 느꼈어요. 아버지의 모습을 보며 저는 긍정적인 마음으로 어떤 어려움에도 굴하지 않고 끝까지 노력해야겠다고 다짐했죠.

이런 아버지와 어머니 덕분에 저는 무엇을 하든 항상 응원받으며 자랐고, 다양한 사람들과의 관계 속에서 상대방을 배려하면서도 자신의 의견을 당당히 말할 수 있는 사람으로 성장했어요. 특히, 부모님께서 보여주신 헌신과 교육 철학은 제게 큰 영향을 주었고, 저 또한 아이들에게 훌륭한 부모가 되기 위해 노력하고 있어요.

편 인생의 멘토는 누구인가요?

김 저의 인생 멘토는 함께 근무하고 있는 교정과 김수정 교수님과 안효원 교수님 두 분이에요. 김 교수님은 제가 교정과 레지던트를 지원했을 때 저를 선발해 주셨고, 안 교수님은 제가 2년 차 레지던트 시절 서울대학교에서 경희대학교로 부임하셨어요. 레지던트 과정을 마치고 개원과 학업의 기로에 섰을 때, 두 분께서는 인생 선배이자 교정과 선배로서 저에게 현명한 조언을 아끼지 않으셨죠. 특히, 두 분 덕분에 용기를 얻어 학교에 남아 공부를 이어갈 수 있었어요.

치과병원에는 교수, 전공의, 위생사 등 다양한 직종의 사람들이 함께 일하며 크고 작은 일들이 발생하는데요, 이런 상황에서 교수님께서는 항상 사적인 감정을 배제하고 객관적인 시각으로 문제를 바라보며, 더 나은 방향으로 이끌어 주셨어요. 또한, 치과병원뿐만 아니라 사회 전체의 발전을 위해 솔선수범하여 작은 변화를 만들어내고, 이것이 큰 변화로 이어질 수 있도록 노력하셨죠. 교수님의 모습을 통해 진정한 리더의 모습을 배울 수 있었어요.

두 분께서는 학문적인 지식을 전달할 때 단순한 경험담에 의존하기보다, 항상 이론적 근거를 제시하고 최신 연구 결과를 공유해 주셨어요. 또한, 단순히 지식을 전달하는 것을 넘어, 저 스스로 학습하고 성장할 수 있도록 이끌어 주셨고요. 많은 선배가 '라떼는 말이야'라는 말로 과거의 방식을 강요하는 경우가 많지만, 두 분은 자신들의 경험 속 부정적인 면은 과감히 버리고, 저의 의견을 존중하며 함께 고민해 주셨죠. 이를 통해 저는 상호 존중과 겸손의 중요성을 깨닫고, 더 나은 사람으로 성장하고 있어요.

⊕ 인생 멘토 교수님들과 함께

저는 두 분과 함께 과거부터 지금까지, 그리고 앞으로도 함께 할 수 있다는 것이 큰 행운이라고 생각해요. 두 분의 지도와 격려 덕분에 저는 끊임없이 배우고 발전할 수 있었으며, 더 나은 치과의사이자 교수로 성장할 수 있었어요.

편 교수님께서 꿈꾸는 진료실은 어떤 모습인가요?

김 많은 사람이 교정 치료를 단순히 삐뚤어진 치아를 바르게 만드는 치료라고 생각하지만, 저는 교정 의사가 환자들의 아름다운 미소를 디자인하는 '스마일 디자이너'라고 생각해요. 치아 배열뿐만 아니라 위아래 턱의 조화로운 성장을 통해 전신 건강과 심리적인 안정까지 책임지는 역할을 수행하죠. 환자들과 일상을 공유하며 장기간 진료에도 지치지 않고, 다음 진료가 기다려지는 즐거운 치료 환경을 만들고 싶어요. 의료진 모두가 웃음 가득한 분위기에서 환자를 맞이하고, 환자들이 자신의 아이와 함께 다시 찾고 싶은, 건강한 웃음을 선물하는 진료실을 만들어가는 것이 저의 바람이에요.

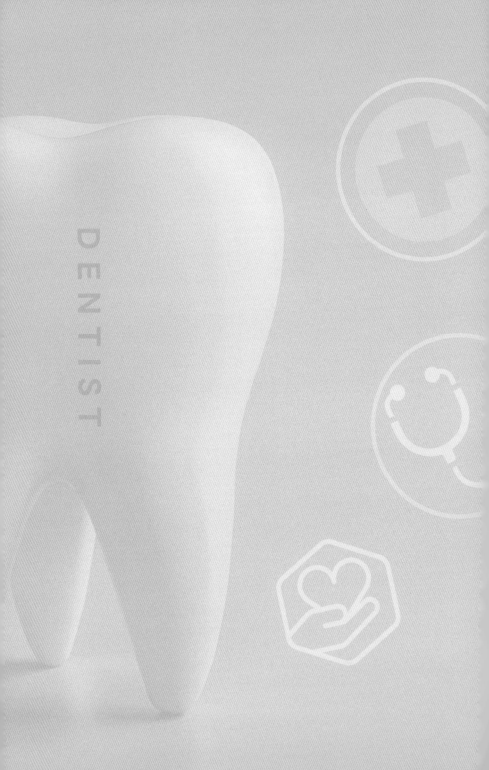

이 책을
마치며

편 지금까지 장시간의 인터뷰였습니다. 이제 마무리할 시간 인데, 소감이 어떠신가요?

김 치과의사의 세계에 대한 인터뷰를 준비하면서 치의학의 깊이와 다양성을 새롭게 깨달았어요. 치의학의 과거부터 현재 그리고 미래에 관해 공부하며 많은 것을 배우고, 잊고 있었던 학창 시절을 다시 돌아볼 수 있었죠. 이번 인터뷰를 통해 다시 한번 목표를 향해 나아갈 수 있는 용기를 얻었습니다. 이 소중 한 기회를 주신 편집장님께 진심으로 감사드립니다.

편 이 책을 읽는 청소년과 진로를 고민하는 많은 사람이 어떤 직업인이 되기를 바라나요?

김 서두에서 말씀드린 것처럼, 단순히 급여를 받는 것을 넘어 자신의 가치를 실현하고 사회에 기여하는 진정한 직업인이 되 기를 바랍니다. 끊임없이 배우고 성장하며 전문성을 갖추고, 사회에 긍정적인 영향을 미치는 사람이 되기를 희망합니다.

편 김경아 교수님께서는 이 직업을 통해 행복해지셨나요?

김 Absolutely! 매일 바쁜 진료실에서 지치고 힘들 때도 있지 만, 저를 성장시켜 주시는 멘토 선생님, 같은 목표를 향해 함께 하는 진료팀, 나이를 잊게 만드는 학생들, 그리고 제게 큰 보람을 주는 환자들 덕분에 치과의사이자 대학교수로서의 삶이 행복하고 감사합니다.

편 선생님과 함께 마지막까지 달려온 독자들에게 인사 부탁드립니다.

김 프랑스 시인 폴 발레리가 말했듯이, "용기 내어 자신이 생각하는 대로 살지 않으면, 머지않아 사는 대로 생각하게 된다."라는 말처럼 인생의 주인공은 바로 나 자신입니다. 자신의 의지에 따라 얼마든지 삶을 바꿀 수 있다는 것을 믿고, 진정한 자존감을 느끼고 자신의 삶을 끌어 나가는 힘을 키워나가길 바랍니다. 더 멋지고 괜찮은 사람이 되기 위해 노력하는 당신을 항상 응원합니다.

경희대학교 치과병원 교정과
레지던트 선생님들의 응원 메시지

청소년 여러분, 여러분은 무한한 가능성을 지닌 소중한 존재입니다. 앞으로 펼쳐질 삶에서 어려움을 만나더라도 포기하지 마세요. 그 어려움은 여러분을 더욱 단단하게 만들어 줄 것입니다. 작지만 꾸준한 노력을 통해 자신의 꿈을 향해 나아가세요. 여러분이 걸어가는 모든 길은 소중하며, 그 과정에서 배우고 경험하는 모든 것이 여러분의 힘이 될 거예요. 자신을 믿고, 끊임없이 도전하며, 멋진 미래를 만들어가세요.

- 2년 차 레지던트 김원길

청소년 여러분, 여러분은 세상에서 가장 소중한 존재입니다. 여러분 안에는 무한한 가능성이 숨겨져 있고, 지금의 적은 노력이 미래의 큰 성공으로 이어질 거예요. 힘든 시간이 온다면 언제든지 잠시 쉬어가도 괜찮아요. 여러분은 이미 아주 훌륭하며, 앞으로 더욱 멋진 일들을 해낼 수 있는 능력을 갖추고 있어요. 스스로를 믿고, 열정을 따라 꿈을 향해 나아가세요. 파이팅!

- 3년 차 레지던트 이수민

아름다운 미소를 만드는
치과의사

청소년 여러분, 세상은 여러분의 열정과 꿈으로 가득 채워질 수 있습니다. 지금 여러분이 내딛는 한 걸음 한 걸음이 곧 여러분의 미래를 만들어 나가는 거예요. 어떤 어려움이 닥쳐도 여러분 안에는 그것을 이겨낼 힘이 있어요. 여러분은 이미 아주 멋지고, 앞으로 더욱 놀라운 일을 해낼 수 있을 거예요. 큰 꿈을 꾸고, 그 꿈을 향해 끊임없이 도전하세요. 세상은 여러분의 가능성을 기다리고 있어요. 파이팅!

- 1년 차 레지던트 김난영

청소년 여러분, 여러분의 꿈은 세상에서 가장 특별한 보물입니다. 때로는 좌절하고 흔들릴지라도, 그 모든 순간이 여러분을 더욱 단단하게 만들어 줄 거예요. 지금 여러분의 노력이 모여 멋진 미래를 만들어갈 거예요. 절대 포기하지 말고, 자신을 믿고 끝까지 도전하세요. 여러분의 빛나는 가능성을 마음껏 펼쳐나가길 응원합니다.

- 1년 차 레지던트 김무승

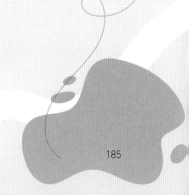

아름다운 미소를 만드는
치과의사

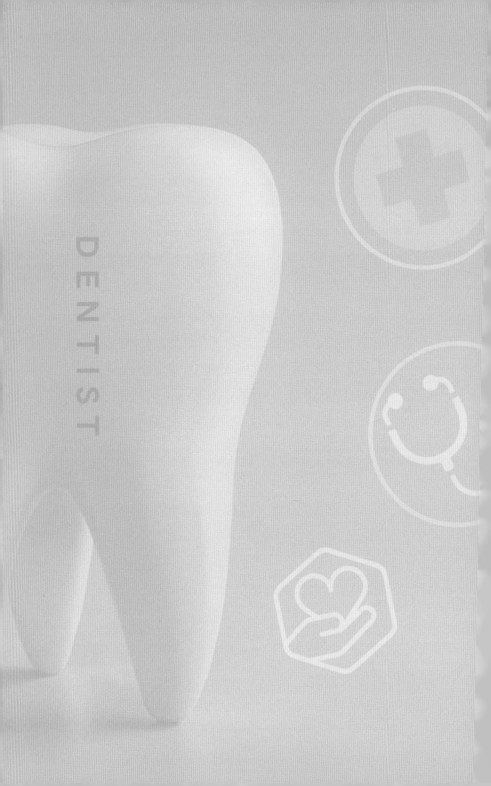

DENTIST

나도
치과의사

1 이 책을 읽고 치과의사에 대해 새로 알게 된 사실을 생각 그물(마인드맵)로 그려보세요.

2 내가 만약 치과의사가 된다면 가장 치료해 주고 싶은 사람은 누구인지와 그 이유에 대해서 적어보세요.

3 치과도 세부 전공이 많이 있습니다. 본문에서 설명한 세부 전공 중에서 본인이 치과의사가 된다면 전공하고 싶은 과와 그 이유에 대해서 적어보세요.

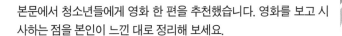

본문에서 청소년들에게 영화 한 편을 추천했습니다. 영화를 보고 시사하는 점을 본인이 느낀 대로 정리해 보세요.

5 나도 교정 의사! 주변에서 교정 치료가 필요하다고 생각되는 사람이
누구인지와 부정교합으로 진단하게 된 이유에 대해서 적어보세요.

6 치의학은 급속도로 발전하고 변화하고 있습니다. 미래의 치과병원과
치과의사의 모습을 적어보세요.

아름다운 미소를 만드는
치과의사

청소년들의 진로와 직업 탐색을 위한
잡프러포즈 시리즈 75

아름다운 미소를 만드는
치과의사

2025년 2월 3일 초판1쇄

지은이 | 김경아
펴낸이 | 김민영
펴낸곳 | 토크쇼

편집인 | 김수진
교정 교열 | 박지영
표지디자인 | 이든디자인
본문디자인 | 문지현
마케팅 | 신성종
홍보 | 이예지

출판등록 | 2016년 7월 21일 제 2023-000173호
주소 | 서울시 마포구 월드컵북로98, 2층 202호
전화 | 070-4200-0327
팩스 | 070-7966-9327
전자우편 | myys327@gmail.com
ISBN | 979-11-94260-21-9(43190)
정가 | 15,000원